Antje Neumann · Burkhard Neumann

Wetterfühlungen

Das ganze Jahr das Wetter mit allen Sinnen erleben

Illustrationen von Kasia Sander

Ökotopia Verlag, Münster

Impressum

AutorInnen   Antje Neumann
                Dr. Burkhard Neumann

Illustratorin   Kasia Sander

Lektorin   Barbro Garenfeld

Fotos   Burkhard und Antje Neumann
            S. 5: Ingrid Worbs

Satz   Hain-Team, Weimar

ISBN   3-86702-004-3
ISBN   978-3-86702-004-6

© 2006, Ökotopia Verlag, Münster

1 2 3 4 5 6 7 8 9 • 10 09 08 07 06

Inhaltsverzeichnis

**Wetterbeobachtung und -vorhersage
mit kleinen und großen Leuten** 4

Wetterbeobachtungen früher und heute ... 5

    Warum beobachten wir das Wetter? 5
    Entwicklung der Wetteraufzeichnungen
    und -prognosen 6
    Moderne Meteorologie 7
    Unwetter und Klimaänderung 9

**Wettererscheinungen und
die Reaktionen der Lebewesen darauf** 14
    Wettererscheinungen 14
    Reaktionen von Tieren und Pflanzen ... 15
    Menschen und ihre Sinne 15
    Wetterfühlige Menschen 16

Natur- und Wetterkalender 18
    Der Naturkalender 18
    Monatlicher Wetterkalender 20
        Meteorologische Besonderheiten 20
        *Bauernregeln und
        Hundertjähriger Kalender* 20
        Großwetterlagen 21
        *Tiere und Pflanzen
        als Wetterpropheten* 22
    Der Frühling 23
        März 23
        April 25
        Mai 27
        Wetterprojekte im Frühjahr 29
    Der Sommer 30
        Juni 30
        Juli 32
        August 34
        Wetterprojekte im Sommer 36

    Der Herbst 37
        September 37
        Oktober 38
        November 39
        Wetterprojekte im Herbst 40
    Der Winter 41
        Dezember 41
        Januar 42
        Februar 44
        Wetterprojekte im Winter 46

Wetterelemente 47
    Lufttemperatur und Sonnenschein 47
    Luftfeuchte 62
    Luftdruck 64
    Wind 69
    Niederschlag 80
        Regen 81
        Schnee 88
        Graupel und Hagel 94
        Nebel 96
        Tau 99
        Reif 102
    Weitere Wetterzeichen 104
        Wolken 104
        Gewitter mit Blitz und Donner 111
        Farben am Himmel 117

Nachgedanken 121

Anhang 122
    Register 122
    Literaturempfehlungen 123
    Die AutorInnen, die Illustratorin 124

Wetterbeobachtung und -vorhersage mit kleinen und großen Leuten

Wir Menschen scheinen uns immer unabhängiger von der Natur machen zu wollen. Doch so ganz können wir dem Wetter nicht entwischen und es positiv beeinflussen schon gar nicht. Also blicken wir täglich zum Himmel und zum Thermometer, um uns für die passende Kleidung zu entscheiden – T-Shirt oder Wintermantel, Sandalen oder Gummistiefel. Doch der kurze Blick zum Thermometer gibt uns noch keine Informationen, wie sich das Wetter in den nächsten Stunden oder gar am nächsten Tag entwickeln wird.

Anders sieht es aus, wenn wir die Natur genau beobachten. Dann können wir Tendenzen erkennen, wie das Wetter wird. Selbst die Kinder haben viel Spaß daran, Wetterpropheten und Wetterzeichen zu entdecken, zu erforschen und kleine Versuche und Übungen zu probieren.

Welche Farbe und Form hat die Wolke? Warum sind plötzlich alle Mauersegler am Himmel verschwunden? Warum sind die Blüten der Butterblumen geschlossen, obwohl die Sonne scheint? Warum juckt die Narbe an meiner Hand? Es gibt viele Anhaltspunkte für eine Wettervorhersage. Und Kinder wollen noch viel mehr wissen, z. B.: Warum donnert es? Frieren die Rehe nicht, wenn sie unter dem Schnee liegen? Wie komme ich zum Regenbogen? Dieses Buch hat kurze und längerfristige Projekte zur Auswahl.

- Einleitend werden Wetterbeobachtungen sowie Reaktionen auf Wettererscheinungen vorgestellt.
- Für jeden Monat gibt es meteorologische Besonderheiten, Bauernregeln und Wetterverkünder.
- Im Anschluss werden Wetterelemente näher erläutert und Übungen empfohlen, bei denen Kinder aktiv werden können.

Unter „Wetterzeichen" sind typische Erkennungsmerkmale zur Vorhersage des Wetters zusammengefasst.

Kinder lieben auch Märchen und Sagen. Hier erfahren sie, wie die Jahreszeiten entstanden sind, was Regentropfen so erleben und warum Schnee weiß ist. Spiele und Wahrnehmungsübungen sollen dazu beitragen, Wettererscheinungen zu verstehen und zu deuten.

Wenn Kinder und auch die Erwachsenen in der Lage sind, aus den Zeichen der Natur das aktuelle Wetter zu deuten und eine kleine Wetterprognose zu erstellen, werden sie mehr Respekt und Sensibilität gegenüber der Natur empfinden.

Wetterbeobachtungen früher und heute

Warum beobachten wir das Wetter?

Das Wetter bestimmt unser tagtägliches Leben. Selbst wenn wir Menschen meinen, fast alles beherrschen zu können, ist es uns doch nicht möglich, das Wetter in unserem Interesse zu beeinflussen. Die Temperaturen und Niederschläge schreiben uns indirekt vor, wie wir uns kleiden, wie wir unsere Häuser bauen, wann wir heizen und wie der Weg zur Arbeit, zur Schule oder zum Kindergarten verläuft. In Abhängigkeit von Wetteränderungen bekommen manche Menschen Kopfschmerzen, Depressionen oder Erkältungen. Das Wetter gibt den Ausschlag dafür, wo wir unseren Urlaub

Die Meteorologische Station des DWD in Artern / Thüringen befindet sich in einer der niederschlagärmsten Gebiete Deutschlands. (Foto: Ingrid Worbs)

verbringen (etwa Ski- oder Badeurlaub) oder eine Kur durchführen. Es beeinflusst auch, ob wir mit dem Flugzeug, dem Schiff, der Bahn oder mit dem Auto pünktlich am Reiseziel ankommen. Natürlich hat das Wetter auch immer noch Einfluss darauf, wie und welche Pflanzenarten auf den Feldern und im Wald wachsen. Ein weiterer Aspekt ist die Tatsache, dass wir immer häufiger mit Stürmen, Hochwasser, Waldbränden, Dürre und anderen Naturkatastrophen konfrontiert sind, die auch durch das Wetter ausgelöst werden. Meistens bezeichnen die Menschen das Wetter dann als gut oder schlecht. Das ist sehr subjektiv, denn ein Mensch, der den Urlaub am Meer verbringt, empfindet eine lang anhaltende Trockenperiode mit strahlendem Sonnenschein als gutes, und regnerische Tage als schlechtes Wetter. Ein Landwirt, dessen Kartoffeln auf dem Feld verdorren, sieht das ganz anders. Daher wollen wir die Bezeichnungen „gutes Wetter" und „schlechtes Wetter" vermeiden.

Alles das sind Gründe, warum uns das Wetter und seine Vorhersage interessieren. Da geht es uns nicht anders als den Menschen vor Tausenden von Jahren.

Entwicklung der Wetteraufzeichnungen und -prognosen

Alle Völker der Erde besaßen und besitzen Regeln, um auf bestimmte Wettererscheinungen zu reagieren. So hatten die alten Griechen laut Aristoteles (384–322 v. Chr.) Wetterkalender in Form von kleinen Steintafeln, die an öffentlichen Plätzen ausgehängt waren. Die Menschen konnten daran günstige Termine z.B. für die Feldarbeit und für Seereisen ablesen. Aristoteles selbst beschrieb seine Lehre von den Himmelserscheinungen in der naturphilosophischen Schrift „Meteorologica". Damit sie sich besser einprägen, wurden Wetterregeln oft in Versform von einer Generation zur nächsten weitergereicht. So entstanden die Bauernregeln.

● Der Wettergott Petrus und der Wetterhahn

Oft schimpfen wir auf Petrus, wenn wir mit dem Wetter unzufrieden sind. Nach christlichem Glauben besitzt Petrus den Schlüssel zur Himmelspforte, dem Paradies, und entscheidet so ebenfalls über das Wetter. Petrus ist auch Schutzpatron für alle Fischer, Soldaten und Schmiede. Daher kommt der Angler-Gruß „Petri heil". Auch der Wetterhahn hat etwas mit Petrus zu tun. Im Neuen Testament sagt Jesus zu Petrus: „Heute, in der Nacht, wenn der Hahn zweimal kräht, wirst du mich dreimal verleugnen." Zur Erinnerung an diese Worte hat Papst Nikolaus I. im 9. Jahrhundert angeordnet, einen Hahn auf den höchsten Turm jeder Kirche anbringen zu lassen. Da es schon Wetterfahnen gab, die mit der Windrichtung das Wetter anzeigten, wurde der Hahn auf die Wetterfahne befestigt. So entstand der Wetterhahn.

Die Befragung der Wetterfrösche

Früher hielten sich Menschen Laubfrösche in Gläsern, damit sie anhand des Froschverhaltens das Wetter vorhersehen konnten. Der Laubfrosch ist ein Baumfrosch, der bei trockenem Wetter den Ast hochklettert und bei Regen oder Sturm auf dem Boden sitzen bleibt. Schließlich fliegt seine Beute, die Insekten, bei Sonnenschein in großer Höhe und verkriecht sich vor Regen in Ritzen und unter Blättern. Heutzutage stehen Laubfrösche unter Schutz. Wir können sie nur noch selten in freier Natur beobachten. Allerdings werden die Meteorologen auch als Wetterfrösche bezeichnet.

1781 wurde das erste weltweite Beobachtungsnetzwerk der Meteorologen aufgebaut. Da inzwischen technische Thermometer und Barometer erfunden waren, nutzten Meteorologen solche Geräte. Die älteste noch arbeitende Station der Wetterfrösche befindet sich auf dem Hohenpeißenberg in Bayern. Unter der Anweisung von Johann Wolfgang von Goethe, damals Staatsrat und Minister des Herzogtums Sachsen-Weimar, wurde 1815, beginnend mit der Weimarer Wetterstation, ein Wetter-Beobachtungsnetz aufgebaut. Dies war eine der ersten Wetterstationen in Deutschland. Goethe schrieb dazu seinen „Versuch der Witterungslehre". Seit 1929 werden in Zeitungen regelmäßig Wetterkarten abgebildet.

Moderne Meteorologie

Heutzutage gibt es ein weltweites Messnetz mit über 10 000 Stationen. Alle drei Stunden werden Luft- und Bodentemperatur, Luftfeuchte, Niederschlagsmenge und -art, Luftdruck, Windrichtung und Windstärke sowie die Sonnenscheindauer gemessen. Nach den Werten berechnen Computer, wie das Wetter werden könnte. Niederschlags- und Hagelgebiete kann man durch Radiowellen orten, da Eis und Wassertropfen diese Wellen reflektieren. Satelliten messen die Strahlung an den Orten, wo das Sonnenlicht reflektiert wird. So erkennt man Wolken und Schneegebiete. Der Meteosat 9 ist ein europäischer Wettersatellit, der seit 2006 in 36 km Höhe über der Erde fliegt und jede Viertelstunde die Erde fotografiert. Anhand des auf den Fotos erkennbaren Wolkenzuges werden Wetterprognosen erstellt. Mit Infrarotbildern liest man die Temperaturen in den Wolken ab. Durch diese Werte lässt sich die Höhe der Wolken ermitteln, denn hohe Wolken sind kälter als niedrige. So erkennt man Wetterfronten.

Für statistisch gesicherte Aussagen müssen mindestens 30 Jahre lang Messungen der verschiedenen Größen durchgeführt werden. Trotz aller technischen Errungenschaften bei den Messungen und Beobachtungsmethoden sind Wettervorhersagen schwierig, da viele verschiedene Faktoren das Wettergeschehen beeinflussen. Aktuelle Wetterberichte treffen mit einer Wahrscheinlichkeit von 90 % zu. Prognosen für den nächsten Tag stimmen nur noch zu 74 % und für jeden weiteren Tag, der vorausgesagt wird, muss 10 % Wahrscheinlichkeit abgezogen werden. Meteorologische Vorhersagen werden in der Regel für größere Gebiete gemacht. Wie das lokale Wetter wird, muss selbst beobachtet werden.

Eine Mitarbeiterin der Meteorologischen Station des DWD in Artern / Thüringen liest die Messgeräte ab.

Wetterbeobachtungen früher und heute

Eine Wetterstation einrichten

Material: Thermometer im weißen Holzkasten, Hygrometer, Barometer, Niederschlagsmesser, Windsack, Pflanzen (z. B. Silberdistel, Waldsauerklee)
Alter: ab 6 Jahren (mit Hilfe eines Erwachsenen)

Die Arbeit in einer kleinen Wetterstation ist ein längerfristiges Projekt. Die Kinder richten die Wetterstation nach Anleitung folgendermaßen ein:

- Zur Temperaturmessung stellen sie Thermometer auf (→ S. 50).
- Die Niederschlagsmessung erfolgt in einem selbst gebauten Messgerät (→ S. 81).
- Zur Bestimmung der Windrichtung empfiehlt sich der Bau eines Windsackes (→ S. 73).
- Luftdruck- und Luftfeuchtigkeitsmessgeräte sollten gekauft werden. Zur Veranschaulichung der Luftfeuchtigkeit können z. B. Silberdistel und Waldsauerklee angepflanzt werden.

Die Kinder schreiben die täglich gemessenen Werte zu den Temperaturen, den Windrichtungen, dem Luftdruck und den Niederschlägen auf. Dabei fassen sie Perioden gleichen Wetters und Luftdrucks an aufeinanderfolgenden Tagen zu Wetterlagen zusammen. (Großwetterlagen → S. 21)

Tipp

Die Ergebnisse der Vorhersagen können in der Lokalzeitung oder in einer Schülerzeitung veröffentlicht werden. Auch eine Zusammenarbeit mit einer lokalen Wetterstation ist naheliegend. Die Mitarbeiter dort suchen oft nach ehrenamtlichen „Wetterfröschen", um ihr Netz der Beobachtungspunkte zu erweitern.

Meteorologie zum Schmunzeln

Das Wetter gibt ja leider nicht immer nur Grund zur Freude, sondern mitunter auch Grund zum Ärgern. Manche Menschen macht es sogar depressiv. Allerdings interessiert sich das Wetter herzlich wenig für unsere Emotionen. Deshalb ist es gesünder, das Wetter so zu nehmen, wie es ist, und die Launen des Wetters nicht immer so ernst zu nehmen.

Der Wetterstein

Material: 1 faustgroßer Feldstein, Strick, 1 Hartfaserplatte o. Ä., Farbstift, Lack
Alter: ab 7 Jahren

Ein Stein wird mit einem Strick freischwingend aufgehängt. Neben dem Stein wird ein Schild angebracht, auf dem folgender Spruch steht:

*Dieser Stein ist der perfekte Wetteranzeiger.
Er irrt sich niemals und ist genauer als Ihr örtlicher Wetterbericht.
Und so funktioniert er:
Ein trockener Stein bedeutet schönes Wetter.
Ein nasser Stein bedeutet, dass es regnet,
ein staubiger Stein deutet auf einen Sandsturm hin,
ein schwingender Stein bedeutet, dass es windig ist,
ein Schatten unter dem Stein zeigt Sonne an,
ein weißer Stein bedeutet, dass es schneit.
Am schönsten ist jedoch, dass der Stein ganz losgelöst vom Dasein unbeeinflusst davon bleibt, welches Wetter gerade eintritt!*

Unwetter und Klimaänderung

Heutzutage beschäftigen sich die Menschen erst genauer mit dem Wetter, wenn es nicht so ist, wie sie es erwarten. Besonders groß ist das Interesse an diesen Naturphänomenen, wenn extreme Wettererscheinungen Verwüstungen anrichten und Menschen verletzen oder sogar töten.

● Klimaveränderungen in der Vergangenheit

Klimaveränderungen prägen die Geschichte der Erde. So wurde es bei uns nach der letzten Eiszeit vor etwa 10 000 Jahren im Allgemeinen wärmer. Allerdings wiederholte sich in den letzten Tausend Jahren ein Wechsel von Kalt- und Warmzeiten. Zwischen 1250 und 1400 wurden in Europa die höchsten Temperaturen des Jahrtausends gemessen. Dadurch zogen z.B. Wanderheuschrecken über Deutschland, in Schottland konnte Wein angebaut werden. Die Wikinger entdeckten Grünland (Grönland) mit guten Ackerböden und fetten Viehweiden. Auf der größten Insel der Erde im Nordatlantischen Ozean siedelten sich Menschen an. Wegen der Eisberge und Eisschollen vor der Küste wurde Island auf den Namen Eisland getauft. Zwischen 1550 und 1750, in der „Kleinen Eiszeit", war es kühler, die Themse fror oft ein, so dass die Briten Eisfeste darauf feierten, aber auch viele Missernten und daraus folgende Hungersnöte waren zu verzeichnen. Der durchschnittliche Temperaturunterschied zwischen kältesten und wärmsten Epochen überstieg jedoch nie 1,5 Grad.

● Klimaveränderung heute

Die Einflüsse der Menschen auf das Klima in den letzten 150 Jahren waren wesentlich größer als die natürlichen Ursachen für Klimaveränderungen, wie Schwankungen der Sonneneinstrahlung und starke Vulkanausbrüche. Extreme Wettererscheinungen, z.B. schwere Stürme, Überschwemmungen, lang anhaltende Dürren, Eisregen sowie Smog häufen sich mit der durch den Menschen verursachten Klimaveränderung. Seit 1860 ist die durchschnittliche Lufttemperatur auf der Erde um 0,6 °C gestiegen. Das scheint kaum beachtenswert, hat aber extreme Auswirkungen auf die Abschmelzung von Gletschern (seit 1850 hat sich ihr Volumen halbiert) und von dem Eis an Nord- und Südpol. Dadurch wiederum hat sich der Meeresspiegel schon um 15 cm erhöht. Prognosen berichten von einer Lufttemperaturerhöhung um bis 4,1 °C bis zum Ende des 21. Jahrhunderts im Vergleich zum Mittel von 1961 bis 1990 (Max-Planck-Institut, Hamburg, 2005). Das könnte einen Anstieg des Meeresspiegels von mindestens 30 cm bedeuten. Mit weiter zunehmendem Meeresspiegelanstieg würden Inseln und küstennahe Regionen im Meer versinken.

Die Klimaveränderung hat begonnen. Weltweit breiten sich die Wüsten immer mehr aus. Sie sind in den letzten 15 Jahren um die Größe Deutschlands, Frankreichs und Spaniens gewachsen (Potsdamer Institut für Klimafolgenforschung, 2005). Immer mehr fruchtbare Erde wird weggeweht, der Regen bleibt aus, wodurch die Ernteerträge sinken. Das führt in Entwicklungsländern zu Hungersnöten, Kriegen und Auswanderung nach Europa.

Die Veränderung der Vegetation und der Wanderrouten von Tieren am Nordpol haben negative Auswirkungen, z.B. Fehlen der Lebensgrundlage von Indianern und Inuit. Auch sind häufigere und stärkere Stürme, z.B. Hurrikans (wie Katrina in den USA 2005) aufgrund der höheren Ozeantemperatur und häufigere Blitzeinschläge (Juli 2005 in Deutschland) zu verzeichnen. Jeder

Temperaturanstieg von 1 °C führt zu 50 % mehr Blitzeinschlägen (Studie der Münchner Rückversicherung). Vor 10 Jahren gab es in Deutschland nur halb so viele Gewitter wie jetzt.

Eine weitere Theorie geht davon aus, dass sich der Golfstrom durch die Verringerung des Salzgehaltes im Meer aufgrund des geschmolzenen Grönlandeises verlangsamt. Der Golfstrom bestimmt jedoch das milde Wetter in Westeuropa. Für mitteleuropäisches Klima bedeutet diese Verlangsamung kältere Winter und feuchtwarme Sommer. Die Klimafaktoren sind einfach zu komplex, als dass sich die Menschen heute über die Art und Weise der Klimaveränderungen völlig im Klaren sein könnten.

● Aber warum wird es wärmer?

Unsere Atmosphäre (Lufthülle) ermöglicht das Leben auf der Erde, da die Spurengase und der Wasserdampf in der Luft die Wärmeabstrahlung der von der Sonne empfangenen Strahlen teilweise verhindern und so lebensfreundliche Temperaturen entstehen. Doch es gibt zunehmend mehr Teilchen in der Luft, welche die Wärmestrahlen zurückhalten, und daher wird es immer wärmer. Die Ursachen sind:

- die Verbrennung von Kohle, Öl und Gas in Motoren (Auto, LKW, Flugzeug), in Heizungen von Wohnungen und Kraftwerken sowie die Brandrodung der Tropenwälder.
- die Zunahme von Methan, das aus riesigen Reisfeldern, aus den ständig zunehmenden Mülldeponien und aus Rindermägen (Massentierhaltung) entweicht.
- so genannte FCKW-Gase, die aus Kühlmitteln, Kunststoffen, Spraydosen, Kühlschränken und Klimaanlagen entweichen.

Die FCKW-Gase und Flugzeugabgase bewirken noch mehr, sie zerstören die Ozon-Schutzschicht. In 15–30 km Höhe befindet sich eine dünne Luftschicht, die aus dreiatomigen Sauerstoffmolekülen besteht: die Ozonschicht. Sie schützt alles Leben auf der Erde vor der gefährlichen UV-Strahlung der Sonne. Diese sehr energiereiche Strahlung kann bei uns Sonnenbrand und Hautkrebs verursachen und zahlreiche Kleinstlebewesen an der Meeresoberfläche schädigen. Im Meeresplankton ist reichlich Kohlendioxid gebunden, was dann freigesetzt wird und die Klimaänderung verstärkt.

Weiterhin werden im Wasserdampf der Luft und in Regentropfen Schwefel- und Stickoxide aus den Abgasen von motorisierten Fahrzeugen und Fabriken zu Schwefel- und Salpetersäure gelöst, die als „Saurer Regen" Wälder, Felder und Seen schädigen und Trinkwasserspeicher verseuchen.

● Mögliche Auswirkungen der derzeitigen Klimaerwärmung bei uns

Durch eine Erwärmung der globalen Lufttemperaturen um wenige Grad ändern sich die Klimazonen mit ihren typischen Wettererscheinungen. Für uns in Mitteleuropa bedeutet das vermutlich:

- heißere, trockenere Sommer mit häufigeren Waldbränden.
- niederschlagsärmere Gebiete versteppen (z. B. Bundesland Brandenburg), da auch die Grundwasserstände sinken.
- Niederschläge fallen seltener, sind aber, wenn sie kommen, extremer (Dauerregen, Starkregen, Dauerschneefall), was zu Hochwasser, Erdrutschen und Lawinen führen kann. Wintersport wäre in 50 Jahren nur ab einer Höhe von 1500 m möglich.
- Gewitter und Stürme werden häufiger und heftiger.
- Erhöhung der Versicherungskosten, Wasserrechnungen, Nahrungsmittelpreise etc.
- erstmaliges bzw. häufigeres Auftreten bestimmter Infektionskrankheiten, da sich wärmeliebende Übertragertiere ausbreiten (z. B. Sandmücke, Zecke).

Zugvogelarten haben ihren mittleren Heimzugszeitraum aus ihren Überwinterungsgebieten nach Deutschland in den letzten 40 Jahren um zwei bis elf Tage vorverlegt (z. B. Mehlschwalben, Hausrotschwanz) und ziehen im Herbst später weg (Feldlerche). Wärmeliebende Tier- und Pflanzenarten wandern immer nördlicher, z. B. die hübsche Zebraspinne. Noch gibt es in Deutschland keine lebensgefährlich giftigen Spinnen, Schlangen, Mücken etc., aber wie lange noch? Heimische, sehr empfindliche Arten werden dagegen verdrängt und ausgerottet.

● Lösungsansätze

Die meisten Menschen kennen die Ursachen der Klimakatastrophe, verändern ihr Leben aber nicht. Dreh- und Angelpunkt ist der hohe Energieverbrauch, der unser Leben angenehm und luxuriös gestaltet. Die Lösung ist ein verringerter Verbrauch von fossilen Brennstoffen. Es hilft schon, wenn nur Produkte gekauft werden, die aus Deutschland kommen, um unnötige Flugreisen und LKW-Transporte zu verhindern. So wäre es für das Klima und für uns gesünder, etwa Äpfel oder andere saisonale Produkte aus der Region zu kaufen, anstelle diese Früchte z. B. aus Südafrika zu importieren. Auch unser eigener Transport steht auf dem Prüfstand. So sollten Kinder und Erwachsene Entfernungen unter zwei Kilometer mit dem Fahrrad statt mit dem Auto zurücklegen. Eine Flugreise in den Urlaub sollte die Ausnahme, nicht die Regel sein. Auch die Einsparung von Strom bei elektrischen Geräten (Stand-by ausschalten) erweitert unsere Handlungsmöglichkeiten im täglichen Leben. Dieses Bewusstsein bei den kleinen Leuten als Selbstverständlichkeit zu entwickeln, erfordert die Vorbildwirkung der Großen.

Unwetternachrichten

Material: Zeitungen, Internet
Alter: ab 8 Jahren

Die Kinder recherchieren in den Medien (Zeitung, Internet ...) und in der Bibliothek, welche Unwettererscheinungen (Dürre, starke Niederschläge, Stürme) und ihre Folgen (Überschwemmungen, Hochwasser, z. B. an Rhein, Elbe, Oder, Donau etc.; Waldbrände, Sturmschäden, Schlamm- oder Schneelawinen) in den letzten fünf Jahren in Deutschland beobachtet wurden. Sie befragen ihre Familienmitglieder, ob diese selbst Derartiges erlebt haben.

Die Ergebnisse werden gemeinsam besprochen und anschließend für alle zugänglich ausgehängt.

Nützliche Internetadressen
- www.dwd.de
- www.wetteronline.de/deutsch.htm
- www.donnerwetter.de
- www.wetterschau.de
- www.allewetter.de

Projekt „Aktionen gegen Klimaerwärmung"

Alter: ab 9 Jahren (mit Variante ab 5 Jahren)

Die Einführung und Motivation zu diesem Projekt erfolgt durch Unwetternachrichten (→ oben) und durch Gespräche über deren Ursachen im alltäglichen Verhalten.

Recherche

Die Kinder recherchieren, wie viel die Familie im Monat an Energie (Strom, Gas, Öl, Benzin) verbraucht und wofür diese Energie verwendet wird. Das schreiben sie auf.

Aktionen

Im nächsten Monat erfolgt die Umsetzung. Die Kinder durchleben gemeinsam mit ihrer Familie einen Monat lang einen bewussten Umgang mit Energie, ohne auf ihre Alltagsaktivitäten zu verzichten. Sie achten darauf, dass

- alle das Licht beim Verlassen eines Raumes ausschalten.
- alle ihre elektrischen Geräte, wie Computer, Fernseher, CD-Player etc. nach der Benutzung ausschalten (kein Stand-by).
- sie die Zimmertemperatur um 1 °C senken (spart 6 % Heizkosten).
- sie zum Lüften nur kurzzeitig (max. 10 Minuten) das gesamte Fenster öffnen und es nicht gekippt lassen.
- alle ihre Wege unter zwei Kilometer mit dem Fahrrad erledigen.

Ergebnis

Die Kinder vergleichen ihre Ergebnisse miteinander:

- Wie viel Energie (in Form von Strom, Gas, Benzin) und damit Geld wurde gespart?
- Welches Kind kann die größte Energieeinsparung vorweisen und warum?
- Welche Aktivität war am schwersten durchzuhalten?

Variante für Kinder ab 5 Jahren

Die Aktivitäten zum Energiesparen sind schon für Kinder ab 5 Jahren möglich. Dabei sollten alle in der Familie oder in der Kindergruppe gegenseitig auf den bewussten Umgang mit Energie achten. Hintergrundinformationen werden von den Erwachsenen kindgerecht vermittelt.

Modellbau der Hochwasserentstehung

Material: Gießkanne, Schaufeln, Streichholzschachteln, Lehm, Sand, evtl. Folie
Alter: Modellbau ab 5 Jahren, Recherche ab 8 Jahren

Insbesondere im Frühjahr nach der Schneeschmelze bei gefrorenem Boden oder nach Perioden starker Niederschläge gibt es an einigen Flüssen Hochwasser. Das ist an für sich natürlich und gehört zum Leben von Auen. Auenlandschaften speichern den Überfluss an Wasser wie ein Schwamm. Die Menschen haben jedoch durch ihre Aktivitäten das Ausmaß an Überschwemmungen verschärft. So wurden

viele Überflutungsflächen bebaut. Zusätzlich führte die zunehmende Versiegelung (Straßen- und Häuserbau) dazu, dass es weniger Fläche gibt, in der Regenwasser versickern kann. So wird es über Rohrleitungen den Flüssen schneller zugeführt. Aufgrund der Begradigung der Flüsse stieg ihre Fließgeschwindigkeit. So haben die Wassermassen zusätzliche Energie, die zerstörerisch wirken kann.

Ursachen und Folgen von Hochwasser und Schlammlawinen sind Schwerpunkt dieses Projektes.

Recherche

Durch das Lesen im Archiv von Lokalzeitungen und im Internet sowie durch das Befragen älterer Personen finden die Kinder heraus, ob der Heimatkreis schon einmal von Hochwasser betroffen war. Sie betrachten das Einzugsgebiet des betreffenden Flusses auf einer Landkarte. Sie gehen der Frage nach: Wie schützen sich Menschen vor Hochwasser?

Der Modellbau

In einem tonhaltigen Lehmboden einen Bachlauf formen. Der Bach sollte starke Kurven (Mäander) sowie gerade Abschnitte (Begradigung) aufweisen. Möglicherweise kann ein Stück des Flusses des eigenen Heimatkreises mit Hilfe einer Landkarte nachgebaut werden. Direkt an verschiedene Uferabschnitte Häuschen aus Streichholzschachteln stellen.

Mit einer Gießkanne oder dem Schlauch zunächst leichten Sprühregen erzeugen. Dann die Wassertropfengröße erhöhen und so einen Regenguss improvisieren. Was passiert?

Bei starkem Regen wird nach und nach Boden vom Uferrand weggeschwemmt. Sind die „Häuser" zu dicht am Ufer, werden sie mit fortgespült.

Bei sandigen Böden kann auch der Bachlaufgrund mit Folie o. Ä. ausgekleidet werden.

Wettererscheinungen und die Reaktionen der Lebewesen darauf

Wettererscheinungen

Drei Dinge „braucht" das Wetter: Sonne, Wasser und Wind. Das „Wetter" ist der Zustand der Atmosphäre an einem Ort oder in einem bestimmten Gebiet zu einem bestimmten Zeitpunkt. Die Luftschicht, in der das Wetter entsteht, ist verglichen mit der Erde relativ dünn. Zum Vergleich: Wenn die Erde der Apfel ist, ist die Atmosphäre die Apfelschale.

Als Klima bezeichnet man den durchschnittlichen Verlauf des Wetters während eines längeren Zeitraumes.

Der Mensch ist seit jeher bestrebt, das zukünftige Wetter zu kennen, um sich rechtzeitig darauf einstellen zu können. Allgemein gültige Wettervorhersagen sind in Mitteleuropa jedoch selten möglich, da das Wetter aus dem Osten vom Kontinent und aus dem Westen vom Atlantik beeinflusst wird. Bei uns treffen sich also die Auswirkungen von mindestens zwei Wetterküchen. Welches Wettergericht daraus entsteht, hängt vom Zusammenwirken mehrerer Faktoren ab. Große Wassermassen wie Ozeane sorgen durch ihre Fähigkeit, Wärme zu speichern,

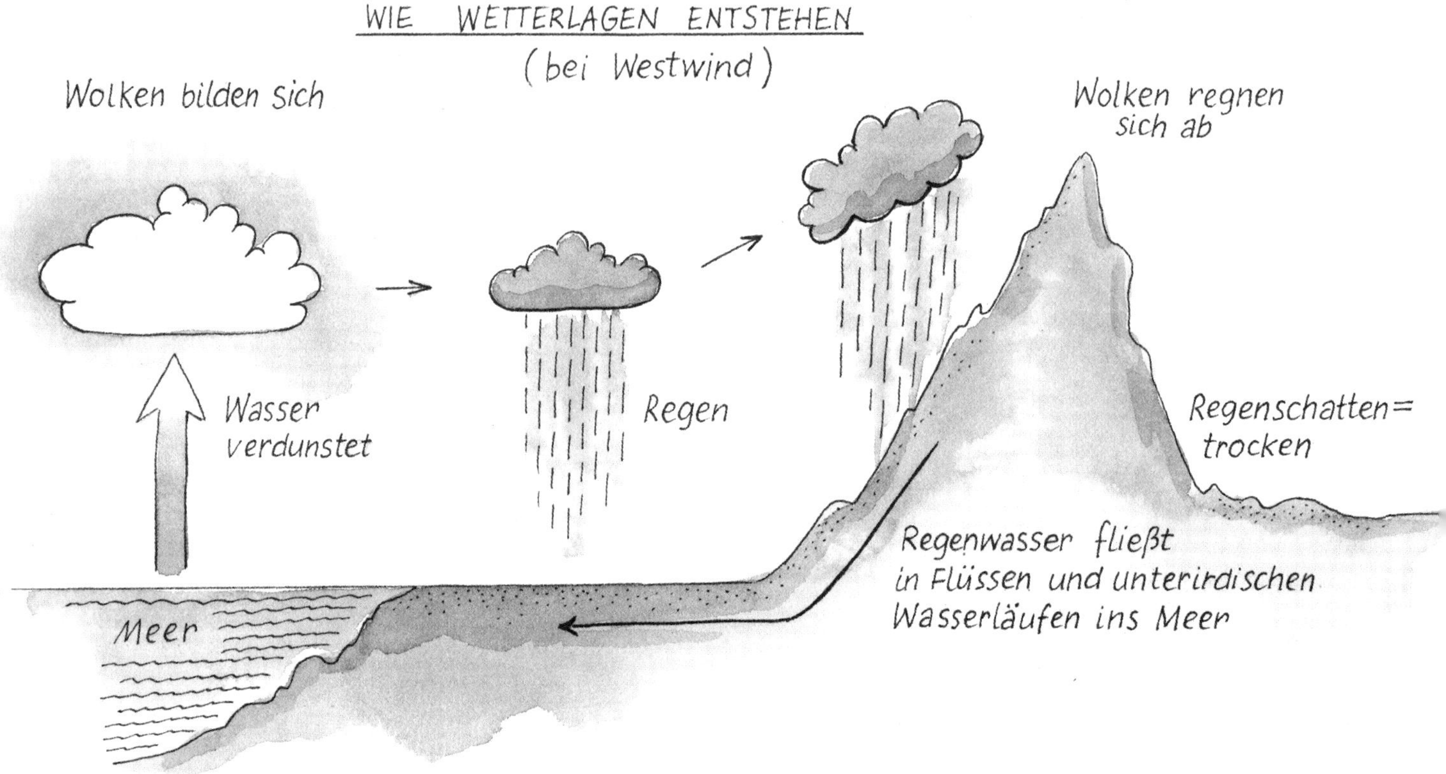

WIE WETTERLAGEN ENTSTEHEN
(bei Westwind)

Wolken bilden sich — Wasser verdunstet — Regen — Wolken regnen sich ab — Regenschatten = trocken — Regenwasser fließt in Flüssen und unterirdischen Wasserläufen ins Meer — Meer

für einen Temperaturausgleich. Im Zentrum der Kontinente fehlt dieser Ausgleich, wodurch hohe Temperaturunterschiede zwischen Tag und Nacht entstehen. Denn ohne Regen gibt es kaum Verdunstung und daher keine Wolken, somit eine hohe Abstrahlung der Wärme mit einer in der Nacht folgenden starken Abkühlung.

Wir haben in Mitteleuropa häufig Westwind, mit dem atlantische Tiefdruckgebiete und ihre Kalt- und Warmfronten angeweht werden und einen Wetterwechsel erzeugen. Der Ostwind bringt im Winter trockene Kälte, im Sommer schönes Sonnenwetter. Im norddeutschen Tiefland regnet es häufiger wegen Nord- und Ostsee.

Reaktionen von Tieren und Pflanzen

Einige Pflanzen- und Tierarten reagieren sehr sensibel auf Wetterveränderungen. Das ist eine wesentliche Anpassungsstrategie an eine wechselhafte Umgebung, die das Überleben dieser Pflanzen und Tiere sichert. Allerdings beobachten Menschen für Wettervorhersagen solche Pflanzen und Tiere selten, obwohl diese oft aufgrund besonderer Instinkte und Fähigkeiten viel früher als Meteorologen „wissen", wie das Wetter wird. Sicher erfordert das eine große Aufmerksamkeit und eine Artenkenntnis, die in der heutigen Zeit eher rückläufig ist. Wir stellen in unserem „Natur- und Wetterkalender" (→ S. 18) Pflanzen- und Tierarten vor, die Wetterveränderungen anzeigen können.

Die Betrachtung des Wetters über einen längeren Zeitraum in einem bestimmten Gebiet wird Klima genannt. In Abhängigkeit von Temperatur und Niederschlägen haben sich Klimazonen herausgebildet, an die bestimmte Pflanzen und Tiere angepasst sind, z.B. die Organismen in den Wüsten oder im tropischen Regenwald. Deutschland liegt in den gemäßigten Breiten mit Laubmischwald. So bestimmt das Klima auch den Charakter einer Landschaft. Das geschieht einerseits durch die Art des Bewuchses, wirkte aber auch durch die Gestaltung der Landschaft aufgrund der Erosion (Wind- und Wassereinwirkung auf die Oberfläche) und der Eiszeiten.

Menschen und ihre Sinne

Um das Wetter und seine Veränderungen wahrzunehmen, können die Menschen alle ihre Sinne nutzen. So sehen wir die Sonnenstrahlen, die Farben des Regenbogens und des Sonnenuntergangs, die Form der Wolken und das Verhalten der Tiere und Pflanzen. Kurz vor Regen kann es gute Fernsicht geben, das heißt, wir können mindestens 50 km weit sehen.
Wir hören den Donner, den Sturm, den Regen und den Wind. Hören wir die Geräusche draußen lauter als sonst, ist Regen möglich.

Wir riechen den Duft nach dem Regen, den Nadelduft der Kiefern an einem heißen Sommertag. Bestimmte Blumen duften viel stärker vor Regen und gar nicht vor einem sonnigen Tag. Und wenn es aus dem Ausguss stinkt, wird es Regen geben.
Wir fühlen die Wärme oder Kälte des Tages, den Wind im Gesicht, den nasskalten Nieselregen im März oder den kalten Nebel im November. Wir spüren den Druck vor einem Gewitter oder die Unruhe bei Sturm.

Wetterfühlige Menschen

● Wetterempfindlichkeit

Unter Wetterfühligkeit ist die Beeinflussung des Allgemeinbefindens, der Stimmung und der Leistungsfähigkeit durch Witterungserscheinungen zu verstehen. Etwa 30% der mitteleuropäischen Bevölkerung leidet darunter. Auch Goethe, Mozart und Napoleon sollen davon betroffen gewesen sein.

Typische Anpassungserscheinungen an das Wetter kennt jeder, z.B. Zittern und Gänsehaut bei Kälte oder Schwitzen bei Hitze. Wenn z.B. ein Schweißtropfen auf unserer Haut verdampft, kühlt er einen Liter Blut. Wetterfühlige Menschen reagieren aber nicht nur auf Kälte und Wärme, sondern z.B. auch auf Luftdruckänderungen. Sie können dann ermüden, depressiv werden oder Kopfschmerzen bekommen. Weniger Licht verursacht beim Menschen einen Mangel an dem Hirnhormon Melantonin, wodurch Depressionen, Gereiztheit, Abgeschlagenheit und Kopfschmerz hervorgerufen werden können. Es gibt auch wetterempfindliche Menschen, deren Narben bei Wetterumschwung jucken, oder solche, die dann ihr Rheuma spüren. Vermutlich erhöht sich mit zunehmender Luftfeuchte die Schmerzempfindlichkeit.

● Echte Wetterfühligkeit

Bei jedem Zehnten wird in Abhängigkeit einer Wetteränderung eine Erkrankung dort ausgelöst oder verstärkt, wo der jeweilige Körper schon eine Schwachstelle hat. Denn sensible Menschen können Schwerewellen bei Luftdruckänderungen und elektromagnetische Impulse von Blitzentladungen wahrnehmen, die Blutdruck und Gehirnströme beeinflussen. Je stärker die Wetteränderung ist, desto häufiger treten die Beschwerden auf. So können vor dem Einzug einer Warmfront Bronchitis, Grippe, Kopfschmerzen und Schlafstörungen vermehrt auftreten. Während des folgenden Landregens häufen sich Asthma, Herzschmerzen, Blinddarmentzündungen, Embolie und entzündliche Nierenkolik. Beim Durchzug einer Kaltfront können sich Asthma, Schlaganfall, Herzinfarkt und Gallenkoliken mehren, da das Herz stärker arbeiten muss. Nach dem Durchzug der Kaltfront (Gewitter) zeigen sich Kopfschmerzen, Migräne, Schlafstörungen und Depressionen. Am wohlsten fühlen sich alle bei einer lang anhaltenden Schönwetterperiode, die nicht zu heiß ist, und bei Wetterberuhigung nach dem Durchzug einer Kaltfront. In Mitteleuropa gibt es alle fünf bis sieben Tage einen Wetterwechsel. Übrigens, auch vollklimatisierte Räume schützen nicht vor Wetterbeschwerden.

Gegen Wetterfühligkeit kann man eigentlich nur wenig tun, Betroffene müssen sich darauf einstellen. Daher sollte jeder Betroffene für sich eine Statistik der Symptome in Verbindung mit Wettererscheinungen erstellen. Zeigt sich ein Zusammenhang, können vorbeugende Maßnahmen helfen. Gesunde Ernährung, viel Bewegung an der frischen Luft, Saunabesuche und witterungsentsprechende Bekleidung sind entscheidend, um die Abwehrkräfte zu stärken.

Vor Gewitter sollten wir alle unsere Aktivitäten etwas reduzieren, da die Schwüle den Kreislauf sehr belastet. Vor allem Menschen mit niedrigem Blutdruck leiden unter Kopfweh und Schwindel. Aufgrund der schwülen Luft gibt es mehr Verkehrsunfälle, da die Menschen sich schlechter konzentrieren können. Föhn, der trockene Fallwind im Alpenvorland, verursacht starke Luftdruckschwankungen in kurzer Zeit. Das kann Kopfschmerzen, Migräne und Schlafstörungen auslösen. Es wurde festgestellt, dass bei Föhn auch die Unfallrate steigt.

Reaktionen auf Wettererscheinungen beim Menschen

Alter: ab 5 Jahren

Die Spielleitung beschreibt eine bestimmte Wettersituation (z. B. es regnet, es schneit) und die Kinder reagieren pantomimisch darauf. So können sie über oder in gedachte Pfützen springen, gegen den Wind laufen, sich mit Schnee einreiben oder bewerfen, in der Kälte stehen und frösteln u. a.

Der Schwierigkeitsgrad der gestellten Situation hängt vom Alter der Kinder und von ihrer Erfahrung mit pantomimischer Darstellung ab.

Variante

Ein Kind spielt eine bestimmte Reaktion auf eine Wettererscheinung (z. B. Zähne klappern, Sonnenbrand, Kopfweh), die anderen erraten, welche Wettererscheinung wohl gemeint ist.

Wetterfühlige Familie?

Alter: ab 5 Jahren

Jedes Kind erkundigt sich zu Hause in seiner Familie, ob jemand in Abhängigkeit von Wetteränderungen zu Kopfweh, Narbenschmerzen o. Ä. neigt und schreibt das auf bzw. merkt es sich. In der Gruppe tauschen die Kinder ihre Ergebnisse miteinander aus und sprechen darüber.

Natur- und Wetterkalender

Der Naturkalender

Der Naturkalender beschreibt die zehn Jahreszeiten, die uns die Natur vorgibt. Dabei wird das Erscheinen bestimmter Pflanzenstadien von so genannten Signalpflanzen in Abhängigkeit von der Witterung, vor allem der Bodentemperatur, vor Ort betrachtet. Die Signalpflanzen werden von Agrarmeteorologen (Meteorologen, die sich mit der Auswirkung von Wetter und Klima auf Pflanzen beschäftigen) seit Jahrzehnten analysiert. Der Entwicklungsstand der Signalpflanzen hängt vom Kleinklima des Standortes und von der Witterung der Vormonate ab. Anhand der Eintrittstermine der zehn Jahreszeiten können, wenn sie über Jahre verfolgt werden, Veränderungen im Kleinklima festgestellt werden. Die Eintrittstermine der zehn Jahreszeiten schwanken innerhalb von Deutschland in einem Zeitraum von ein bis vier Wochen. Dieser „Phänomenologische Kalender" des DWD (Deutscher Wetterdienst) ist wichtig für Bauern, Imker, Gärtner und Kleingärtner.

Jahreszeit	möglicher Zeitraum	Signalpflanze für den Beginn der Jahreszeit
Vorfrühling	Mitte Februar bis Mitte März	Haselnussblüten beginnen zu stäuben. Ersatz: Schneeglöckchenblüte beginnt.
Erstfrühling	Ende März bis Ende April	Forsythienblüte beginnt. Ersatz: Stachelbeere entfaltet Blätter.
Vollfrühling	bis Mitte Mai	Apfelblüte beginnt. Ersatz: Stieleiche entfaltet Blätter.
Frühsommer	Ende Mai bis Ende Juni	Blütezeit des Holunders beginnt.
Hochsommer	Juli	Sommerlindenblüte beginnt. Ersatz: Johannisbeeren werden reif.
Spätsommer	bis Mitte August	Pflückreife frühreifer Äpfel beginnt.
Frühherbst	Ende August bis Mitte September	Erste Früchte des Schwarzen Holunders reifen.
Vollherbst	Ende September bis Mitte Oktober	Erste Früchte der Stieleiche reifen Ersatz: Erste Rosskastanien reifen.
Spätherbst	Ende Oktober bis Mitte November	Blätter der Stieleiche verfärben sich. Ersatz: Blätter der Rosskastanie verfärben sich.
Winter	Ende November bis Mitte Februar	Winterweizen beginnt zu wachsen.

Einen Naturkalender erstellen

Material: 1 DIN A3-Tonkarton, Stifte, Klebestreifen, alte Telefonbücher zum Blätter- und Blütenpressen, Fotoapparat
Alter: ab 6 Jahren
Beginn: Februar

Dieses Projekt kann in einer altersübergreifenden Arbeitsgemeinschaft durchgeführt werden. Um den lokal zutreffenden Naturkalender zu erstellen, sollte man im Februar mit den Arbeiten beginnen. Die Kinder lernen durch Bücher und Naturbesuche die betreffenden Pflanzen und ihre Standorte kennen.

Auf einen DIN A3-Tonkarton einen großen Kreis, den Jahreskreis, zeichnen. Zwölf gleiche Einteilungen symbolisieren die kalendarischen Monate und vier farbliche Markierungen die kalendarischen Jahreszeiten.

Durch aufmerksames Beobachten der entsprechenden Pflanzen können die Kinder den jeweiligen Beginn der zehn Naturjahreszeiten in ihrem Heimatkreis feststellen und auf den Tonkarton eintragen. Sie pressen, zeichnen oder fotografieren die entsprechenden Pflanzenteile und kleben sie dazu.

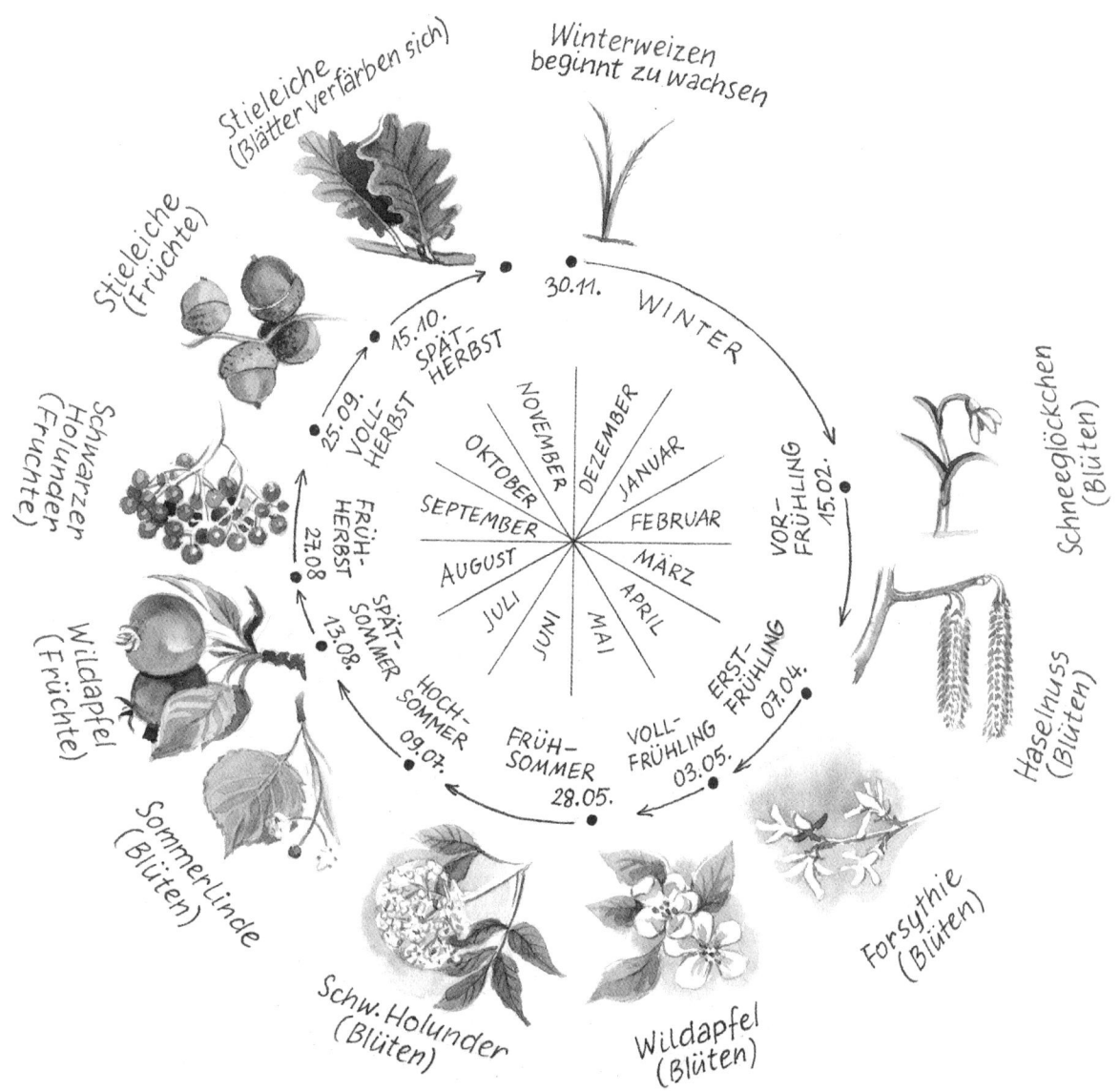

Monatlicher Wetterkalender

In jedem Monat gibt es meteorologische Besonderheiten, Bauernregeln und Tiere sowie Pflanzen, die als Wetterpropheten fungieren.
Dem ziemlich genauen Naturkalender steht die seit Jahrhunderten bekannte vereinfachte Einteilung des Jahres in vier Jahreszeiten gegenüber. In der folgenden monatlichen Betrachtung der Wetterphänomene und der monatlichen Besonderheiten richten wir uns nach der verbreiteten Jahreseinteilung in die vier Jahreszeiten Frühling, Sommer, Herbst und Winter.
Bei der astronomischen Jahreszeiteneinteilung wird der Beginn jeweils vom Sonnenstand abgeleitet. Daher steht im Kalender z. B. erst am 21. März das Wort „Frühlingsanfang". Doch die Natur mit ihren Wettererscheinungen erfordert eine Verschiebung dieser Daten. So beginnt aufgrund der Naturphänomene der meteorologische Frühling bereits am 1. März.

■ Meteorologische Besonderheiten

Jeder Monat hat Großwetterlagen, die eine typische Witterung nach sich ziehen können. Die meisten treffen laut Statistik bisher mit einer Wahrscheinlichkeit von zwei in drei Jahren (66 %) oder von vier in fünf Jahren (80 %) ein.
Aktivität: An welchem Tag diese jeweilige Wetterlage z. B. in Ihrem Wohnort in dem Jahr beginnt, muss durch eigene Beobachtungen selbst herausgefunden werden. Dazu sind die Daten zu Lufttemperatur, Niederschlag und Luftdruck für ein Jahr selbst zu ermitteln (➔ S. 8, „Eine Wetterstation einrichten") oder von einer Wetterstation in der Nähe zu holen. Nun müssen die Perioden gleichen Wetters und Luftdrucks zu Großwetterlagen zusammengefasst werden. Die Großwetterlagen finden zu den angegebenen ungefähren Zeitpunkten statt (➔ S. 21).

■ Bauernregeln und Hundertjähriger Kalender

Allein in Deutschland gibt es ungefähr 4000 Bauernregeln. Viele dieser altüberlieferten Lebensregeln wurden in der heutigen Zeit von Meteorologen (z. B. vom Berliner Meteorologie-Professor Horst Malberg) mit einer statistischen Wahrscheinlichkeit ihres Eintreffens von 67 % bestätigt. Diese Regeln sind durch die gute Beobachtungsgabe und die praktischen Wettererfahrungen unserer Ahnen entstanden. Mitunter floss aber auch Aberglaube ein.
Bei den Bauernregeln müssen drei verschiedene Beobachtungsansätze berücksichtigt werden. Einmal wurde das aktuelle Wettergeschehen und die Zusammenhänge in der Natur bewertet. So war beobachtet worden, dass z. B. nach einem Morgen mit viel Tau ein Tag mit viel Sonnenschein folgte. Zum anderen wurden Vorhersagen in Bezug auf den Getreideanbau vorgenommen, z. B. „Ist der Mai kühl und nass, füllt er dem Bauern Scheun' und Fass." Zum dritten wurden bestimmte Tage ausgewählt, an denen sich das Schicksal („Los") der zukünftigen Witterung entscheiden soll. Diese Lostage wurden nach Heiligen der kirchlichen Feiertage benannt, z. B. „Pankrazi (12.5.), Servazi (13.5.), Bonifazi (14.5.) sind drei frostige Bazi, und zum Schluss fehlt nie die kalte Sophie (15.5.)." Wenn die Lostage als Lostagwoche angesehen werden, treffen sie in zwei von drei Jahren zu.

Großwetterlagen

ungefährer Zeitpunkt	typische Wetterlage
Anfang März	wechselhaftes Schauerwetter (*Tauwetter*)
Mitte März	warmes, trockenes Vorfrühlingswetter, Nachtfröste (*Märzwinter*)
bis Mitte April	wechselhaftes Schauerwetter (*Aprilwetter*)
16.–19. April	ruhiges warmes Wetter (*Mittfrühling*)
bis 20. Mai	wechselhaftes Schauerwetter
12.–16. Mai	dabei Nachtfröste (*Eisheilige*)
Ende Mai	warmer Hochdruckeinfluss (*Spätfrühling*)
9.–14. Juni	kühle, feuchte Witterung (*Schafskälte*)
2. Junihälfte	sommerlicher Hochdruckeinfluss (*Frühsommer*)
ab 5. Juli	wechselhaftes Westwindwetter (*Siebenschläfer*)
Mitte Juli	Hochdruckwetter, sonnig, heiß (*Hundstage*)
Ende Juli / Anfang August	regnerisch und kühl, vor allem um den 22.7. (*Sommermonsun*)
9.–14. August	sonnig, Temperaturrekorde (*Hochsommer*)
Ende August	wechselhaftes Schauerwetter
Anfang September	sonniges Wetter (*Spätsommer*)
Mitte September	kühles, feuchtes Wetter
Ende September	sonniges Wetter mit Frühnebel (*Altweibersommer*)
Mitte Oktober	sonnig, Frühnebel
Anfang November oder Mitte November	trockenes, mäßig kaltes, nebelreiches Wetter (*Allerheiligenruhe*) sonnig über dem Nebel, darunter Smog, Frost (*Martinshoch*)
Ende November	regnerisch, frostfrei, mild, kein Nebel
Anfang Dezember	trübes, niederschlagreiches Wetter
Mitte Dezember	frostig und trocken (*Frühwinter*)
24.–28. Dezember	mildes Tauwetter (*Weihnachtstauwetter*)
Jahreswechsel	kaltes Winterwetter mit Schnee (*Neujahrskälte*)
1. Hälfte Januar	trübes, mildes Wetter
2. Hälfte Januar	Frost, Schnee (*Hochwinter*)
Anfang Februar	mildes Wetter
Mitte Februar	Kälterückfall mit Schnee, Frost (*Spätwinter*)

Aktivität 1: Bauernregeln, die seit Jahrhunderten von Generation zu Generation weitergegeben wurden, werden auf ihre Aktualität hin überprüft.

Aktivität 2: Die Kinder denken sich nach eigenen Beobachtungen in jedem Monat möglichst lustige Wetterregeln aus. Diese tragen sie auf einem Jahreskalender ein.

Der so genannte Hundertjährige Kalender trifft hingegen nicht zu. Der Abt Mauritius Knauer (1613–1664) beobachtete sieben Jahre lang die Wettererscheinungen im Kloster Langheim im Bistum Bamberg. Er glaubte, dass sich die Wettererscheinungen in Abhängigkeit von sieben „Planeten" alle sieben Jahre wiederholten. Nach seinem Tod entstand aus seinen Aufzeichnungen ein fortlaufender Kalender, der „Hundertjährige Kalender". Knauer bezog sich nur auf das Gebiet um Bamberg. Er ging davon aus, dass die Planeten (wozu er auch Sonne und Mond zählte) Einfluss auf die Wettererscheinungen hätten. Es ist inzwischen erwiesen, dass das nicht zutrifft.

Tiere und Pflanzen als Wetterpropheten

Von Tieren und Pflanzen können wir vor allem wegen ihrer außergewöhnlichen Sinne viel lernen. Sie spüren Gewitter und Stürme viel früher als der Mensch. Bestimmte Verhaltensweisen kann sich der Mensch bis heute nicht erklären. Woher wissen die Bienen im Voraus, dass der Winter besonders kalt wird und kleben ihr Einflugloch enger zu als sonst?

Aktivität: Gehen Sie mit den Kindern in jedem Monat auf Entdeckungsreise und nutzen Sie die erstaunlichen Fähigkeiten unserer Mitbewohner dieses Planeten.

Der Frühling

Der Frühling ist durch den Aufbruch, den Neubeginn des Lebens nach der Winterruhe gekennzeichnet. Die Boten des Frühlings verdrängen den Winter meist aber nur sehr langsam. So dauert es in der Regel etwa sechs Wochen, bis er ganz Deutschland erobert hat. Auch für die Menschen war und ist der Frühling lang ersehnt und wird häufig als schönste Jahreszeit bezeichnet. Andere Bezeichnungen für Frühling sind „Frühjahr", „Lenz" und „Maienzeit". Dabei beschränkt er sich nicht nur auf den Mai, zu ihm werden die drei Monate März, April und Mai gezählt.

März

Der März erhielt seinen Namen vom römischen Wetter- und Kriegsgott Martius. Im altrömischen Kalender war der März der erste Monat des Jahres. Im März kämpft der Frühling mit dem Winter. Daher heißt er auch „Frühlingsmonat" und „Lenzing".

Da die Temperaturen zunehmen, schwellen überall die Knospen an und platzen auf. Zahlreiche Frühblüher öffnen ihre Blüten. Die Honigbiene fliegt ab Temperaturen von 12 °C. Viele Vogelarten kehren aus den Überwinterungsgebieten zurück, die Männchen beginnen mit den Hochzeitsgesängen. Doch der März ist auch der Monat des Kampfes zwischen Winter und Frühling, zwischen Kälte und Wärme. Es können zwar Mitte März bereits Temperaturen um die 20 °C erreicht werden, aber danach und besonders nach einem Gewitter kann es noch einmal empfindlich kalt und frostig werden.

Der 23. März ist Weltwettertag (Weltmeteorologietag), da an diesem Tag im Jahre 1950 die Weltorganisation für Meteorologie (WMO) innerhalb der Vereinten Nationen gegründet wurde. Nicht zu vergessen ist, dass am letzten Sonntag im März die Uhr um eine Stunde auf Sommerzeit vorgestellt wird.

■ Meteorologische Besonderheiten des Monats

Etwa zwischen dem 14. und dem 25. März tritt in zwei von drei Jahren ein kontinentales Hochdruckgebiet auf, das uns den Vorfrühling mit Temperaturen bis über 15 °C beschert. Das dient oft als Signal für die Feldarbeiten. In der Zeit treten aber auch Nachtfröste auf. Es gibt im Flachland insgesamt durchschnittlich 14 Frosttage, im Bergland können es 20 Frosttage sein. An 15 Tagen ist im Allgemeinen mit Niederschlag zu rechnen. Dabei fällt dieser ab einer Höhe von 200 m an fünf Tagen als Schnee. Wenn der Föhn den Schnee schmelzen lässt, verursachen die zusätzlich abfließenden Schmelzwasser an den Flüssen Hochwasser. Im Durchschnitt sind Februar und März die Monate mit der niedrigsten Niederschlagsmenge des Jahres.

Meteorologen bezeichnen die Tage, an denen die Tagesmitteltemperatur 5 °C beträgt, als den eigentlichen Frühlingsanfang. So beginnt der Frühling in Freiburg durchschnittlich am 6. März, in Berlin erst am 26. und in München aufgrund der Höhenlage (520 m) am 30. März.

Um den kalendarischen Frühlingsbeginn, dem 21. März, treten regelmäßig Stürme aus westlicher Richtung auf, die den Frühling „wecken".

■ Bauernregel

„Donnert's im März, dann friert's im April."

Gewitter sind mit einem Strom an Warmluft verbunden. Häufig ist demnach zu beobachten, dass nach warmen, gewittrigen Märztagen im April Kaltlufteinbrüche mit Nachtfrösten folgen.

■ Tiere und Pflanzen als Wetterpropheten

Öffnet das Frühlingsadonisröschen am Abend seine schönen gelben Blüten und wird nicht von zahlreichen Insekten besucht, bleibt der nächste Tag sonnig. Treffen viele Insekten ein, gibt die Blüte viel Nektar frei – und es wird Regen geben.

Blütenreaktionen auf Sonnenschein

Material: Schuhkarton, Scharbockskraut, Stoppuhr
Alter: ab 6 Jahren

Die Blüten vom Scharbockskraut öffnen sich nur bei Sonnenschein. Daher kann folgender Versuch unternommen werden: Mit einem Schuhkarton die geöffneten Blüten abdecken, sie schließen sich. Nun die Schachtel wieder wegnehmen. Wie lange brauchen sie zum Öffnen?

April

Der Name April stammt aus dem Lateinischen: *aperire* heißt „öffnen". Im April öffnen sich Blüten und Knospen. Früher hieß der Monat auch „Keimmond" und „Ostaramonat" nach Ostara, der germanischen Göttin des Sonnenaufgangs und der Morgenröte (nach der auch der Osten und Ostern benannt wurden). Außerdem hieß er „Launing", da sich das Wetter ständig änderte, launenhaft war und heute immer noch ist. Wer kennt nicht den Spruch:

April, April, der weiß nicht, was er will,
mal schaut der Himmel finster drein,
dann lacht der liebe Sonnenschein.
April, April, der weiß nicht, was er will.

Dieser Wandelmonat ist natürlich für Wetterfühlungen höchst interessant.

Augenzeuge des Aprilwetters

Material: Fotoapparat, evtl. Stativ, DIN A3-Blatt, Kleber
Alter: ab 7 Jahren

Täglich vom gleichen Platz aus und zur gleichen Uhrzeit draußen ein Foto machen, um die Vielfalt der Witterungserscheinungen festzuhalten. Alle Fotos der Reihe nach auf einem DIN A3-Blatt aufkleben.

■ Meteorologische Besonderheiten des Monats

Da der April der Monat mit dem niedrigsten Luftdruck des Jahres ist, gibt es ständigen Wetterwechsel. Viele Nord- und Nordwestwinde bringen häufige Wechsel zwischen Regen, Graupel, Schnee, Hagel und Sonnenschein. Die durchschnittliche Tagestemperatur liegt über 10 °C. Das sind gute Startbedingungen für das Pflanzenwachstum. Das sehr wechselhafte Wetter wird in Deutschland durchschnittlich von zwei Gewittertagen begleitet. Durch reichlichen Regen am Monatsende und durch die Schneeschmelze in den Bergen treten die Flüsse Donau, Elbe, Oder und Rhein oft über die Ufer. Etwa um den 9. April tritt häufig ein Kälteknick mit Schneefall auf. In Deutschland ist durchschnittlich am 11. April der letzte Frosttag (Temperatur unter dem Gefrierpunkt) festzustellen. Oftmals ist um den 16. April kurzzeitig mit ruhigem Hochdruckeinfluss zu rechnen, der schon um den 20. April von einem Kälterückfall mit Schnee abgelöst werden kann.

Bauernregel

„Georgi bringt grüne Schuh."

Grüne Schuhe

Material: Handtuch
Alter: ab 4 Jahren

Ab dem 23. April, früher auch Georgi genannt, galt die Bauernregel: „Georgi bringt grüne Schuh." Denn ab diesem Tag mussten früher die Landkinder bis zum Oktober barfuß gehen, um die teuren Schuhe zu schonen. Meistens war es ab diesem Tag auch so frühlingshaft, dass das Kleinvieh bei schönem Wetter herausgetrieben wurde.

Um zu empfinden, wie es den Kindern damals erging, sollten alle Kinder auch einmal eine Stunde lang draußen barfuß gehen. Sie gehen dabei aber nicht über betonierte Wege, sondern über natürlichen Untergrund (Sand, Erde, Wiese, Waldboden).

Tiere und Pflanzen als Wetterpropheten

Drosselrohrsänger kehren aus ihren afrikanischen Überwinterungsgebieten heim und beginnen gleich mit ihren vielfältigen Hochzeitsgesängen und dem Nestbau. Sie nisten frei hängend an Schilfhalmen über dem Gewässer. Diese Nester werden meist einen Meter über der Wasseroberfläche gebaut. Entscheiden sich die Vögel für einen höheren Standort, um die Nester zu schützen, kann es Hochwasser geben.

Blüten als Regenanzeiger

Material: Löwenzahn, Veilchen, Vogelmiere u. a., Rapsöl, Zitronensaft, Salzlakenkäse
Alter: ab 4 Jahren

Viele Pflanzen schützen ihre Blüten und Samen vor Regen. Daher kann aus dem Öffnungsstand der Blüte auf Wetteränderung geschlossen werden:
- Die Blüten des Löwenzahns schließen sich vor Regen.
- Pusteblumen lassen sich vor Regen sehr schlecht pusten.
- Veilchen- und Hahnenfußblüten schließen sich vor Regen.
- Öffnet die Vogelmiere ihre Blüten von 9 bis 16 Uhr, ist der nächste Tag trocken. Bleiben die Blüten geschlossen, gibt es Regen.

Auch aus dem Duft und damit der Menge der blütenbesuchenden Insekten kann auf feuchteres Wetter geschlossen werden:
- Duften die Blüten der Johannisbeere und des Honigklees stark, gibt es Regen.

Etwa um 10 Uhr gehen alle nach draußen auf die Wiese oder in den Garten. Die Erwachsenen zeigen den Kindern die entsprechenden Blumen. Die Kinder zeichnen sie in ihrem derzeitigen Blütenstand und malen (schreiben) die Wettersituation dazu. In Abhängigkeit des Blütenstandes und Duftes vermuten die Kinder, wie das Wetter wird. Die Erwachsenen notieren die Wetterprognosen und die Anzahl ihrer Befürworter. Nun wird das Wettergeschehen des Tages verfolgt. Treffen die Wettervorhersagen der Kinder ein?

Die Kinder pflücken die Blüten und Blätter von Löwenzahn, Veilchen und Vogelmiere, waschen und schneiden sie und essen sie mit Rapsöl, Zitronensaft und Käsewürfeln als Salat.

Mai

Der Mai wurde nach der römischen Pflanzengöttin Maia und dem Wettergott Maius, dem Gebieter über Regen, Blitz und Donner, benannt. Nach dem germanischen Ursprung bedeutet Mai „jung". In der altdeutschen Sprache wurde zum Mai auch „Winnimonath" gesagt, was so viel wie Weidemonat heißt, da das Vieh auf die Weiden getrieben wurde. Später entstand daraus der Begriff „Wonnemonat", der auch heute noch für den Mai verwendet wird. Der Mai ist aber natürlich auch der Liebes- und Blumenmonat, in dem sich die Frühlingsgefühle der Menschen, Tiere und Pflanzen auf dem Höhepunkt befinden. Das erste Sommerfest wurde mit dem Ende der Nachtfröste gefeiert, inzwischen ist Pfingsten (50 Tage nach Ostern) daraus geworden.

Meteorologische Besonderheiten des Monats

Der Wonnemonat Mai wird zwar von allen Menschen sehnsüchtig erwartet, die Kleingärtner und Bauern haben aber bis zur Mitte des Monats meist noch eine Sorgenfalte im Gesicht. Denn ziemlich regelmäßig kann uns ein Strom kalter Polarluft aus Nord/Nordwest die gefürchteten Eisheiligen bringen. In dieser Zeit (um den 12./13. Mai) ist in windstillen Nächten noch einmal mit Bodenfrösten zu rechnen, durch die einige Pflänzchen oder Pflanzenteile, z.B. die zarten Blüten, erfrieren können. In Oberstdorf wurden am 8. Mai 1957 noch einmal −10,9 °C gemessen. Allerdings sind solche Rekordwerte selten, denn meist sinkt die Temperatur in dieser Zeit nicht unter −2 °C. Erst ab dem 16. Mai ist mit beständigen Schönwetterlagen zu rechnen. An durchschnittlich 14 Tagen kann es im Flachland regnen. Dabei fallen im Tiefland insgesamt durchschnittlich etwa 60 l/m², im Bayerischen Wald und in den Alpen hingegen doppelt so viel.

Der nun schon recht hohe Sonnenstand sorgt dafür, dass sich die Menschen an den durchschnittlich sieben Sonnenstunden pro Tag schon einen gehörigen Sonnenbrand holen können; also Mützen auf und das Eincremen nicht vergessen. Im ungefähren Zeitraum vom 22. Mai bis 2. Juni bringt ein Mitteleuropäisches Hoch den so genannten Spätfrühling mit einer Wahrscheinlichkeit von 80 % zu uns. Der kann sogar Temperaturen von bis zu 30 °C aufweisen.

■ Bauernregel

*„Der Florian, der Florian
noch einen Schneehut setzen kann."*

Die Bauern haben die Erfahrung gemacht, dass um den 4. Mai (Florian) und 9. Mai mit einem Kälterückfall und Nachtfrost gerechnet werden kann.

■ Tiere und Pflanzen als Wetterpropheten

Von Mai bis August blüht nachts die Weiße Lichtnelke. Vor Regen duftet sie verstärkt und zieht so viele Falter an. Sind wenige Falter zu entdecken, obwohl die Blüte frisch geöffnet ist, scheint am nächsten Tag die Sonne.

Seerose als Frostanzeiger

Material: 60 l Mörteleimer, ca. 10 cm hoch mit Kies gefüllt, Wasser, Zwergseerosen

Alter: ab 4 Jahren

Die Seerose ist ein Schönwetterprophet. Sie ist auf vielen stehenden Gewässern gut zu entdecken, da ihre großen Blätter auf dem Wasser schwimmen. Blüht sie, folgen keine Fröste mehr. Das können die Kinder untersuchen.

Sobald die Kinder die erste blühende Seerose entdeckt haben, sollten sie auf die Nachttemperaturen (Minimum-Maximum-Thermometer) achten. Die Kinder gestalten den Mörteleimer als Miniteichanlage und pflanzen Zwergseerosen im April ein. So können sie ab Mai das Öffnen ihrer schönen Blüten täglich verfolgen. Das Öffnen der Blüten kann als natürliche Uhr verwendet werden, denn bei sonnigem Wetter öffnen sich die Seerosen gegen 8 Uhr und gegen 17 Uhr (Sommerzeit) schließen sie sich wieder.

Wetterprojekte im Frühjahr

Vorschulalter:
Wem ist warm und wem ist kalt?

Alter: ab 5 Jahren

Die Kinder tauschen sich darüber aus, wie sich die Menschen durch ihre Bekleidung und Behausung an die Temperatur anpassen.

Sie sprechen über die Anpassung in der Tier- und Pflanzenwelt.

Die Kinder messen zusammen mit einem Erwachsenen die Lufttemperatur im Verlauf eines Tages.

Der Tag des Frühlingsbeginns (Tagesdurchschnittstemperatur über 5 °C) wird mit einem Frühlingsfest gefeiert (gemeinsam Frühlingslieder singen und eine Wanderung unternehmen, erwachende Tiere und platzende Knospen suchen).

Folgende Übungen werden empfohlen:
- *Reaktionen auf Wettererscheinungen beim Menschen* (→ S. 17)
- *Grüne Schuhe* (→ S. 26)
- *Seerose als Frostanzeiger* (→ S. 28)
- *Temperatur mit allen Sinnen erleben* (→ S. 54)
- *Temperatur und Bekleidung* (→ S. 55)
- *Warme Steine, kalte Steine* (→ S. 56)
- *Schwarzes Heizhemd und weißes Kühlshirt* (→ S. 57)

Das Märchen „Wie die Sonne ihre Wärme verschenkte" (→ S. 60) wird vorgelesen. Anschließend wählen die Kinder aus dieser Geschichte eine Situation aus und zeichnen sie oder schneiden passende Bilder aus. Vielleicht entsteht so eine Bildergeschichte.

Grundschulbereich: Fächerübergreifender Unterricht „Einstieg in die Wetterkunde"

Bei dem häufigen Wetterwechsel im Frühjahr lässt sich gut mit dem Thema Wetterkunde beginnen.

- Im Sachunterricht z. B. über Bekleidung und Hausbau im Zusammenhang mit Wetter sprechen und in Kunst zeichnen.
- Wie wird in Liedern die Stimmung bestimmter Wettererscheinungen wiedergegeben (Musikunterricht)?
- Im Deutschunterricht werden Alltagswörter und/oder Redewendungen gesammelt, in denen Wetterbegriffe vorkommen (z. B. zum Donnerwetter, vom Regen in die Traufe, sich wie ein Schneekönig freuen, mein Sonnenschein, du bist 'ne Wolke, Windhund, Windbeutel, windiger Typ, Donnerlittchen, Donnerstag, Hitzkopf).
- Typische Wettererscheinungen (Regen, Sturm, Gewitter, Hagel, Sonnenschein), die erlebt werden, verwenden die Kinder in Geschichten oder Gedichten. Das kann aus der Sicht des Kindes, des Bauern, des Apfelbaumes oder der Ameise erfolgen.
- Im Matheunterricht errechnen die Kinder die Entfernungen des Gewitters (→ S. 113), berechnen Tagesmitteltemperaturen (→ S. 50) oder fassen Niederschlagsmengen zusammen (→ S. 81).

Außer Wetterbeobachtungen können folgende Übungen das Interesse wecken:
- *Die Wolken als Wetterfrösche* (→ S. 107)
- *Der Wetterstein* (→ S. 8)
- *Windmühle basteln* (→ S. 73)

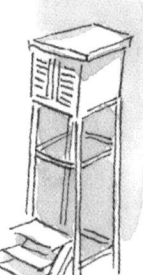

Der Sommer

Der Sommer ist nicht nur die Zeit des Badens und Eisschleckens, der Sommer war und ist für die Bauern vor allem die Zeit des Wachsens, des Blühens und der Reife der Saat. Sehr viele Kulturpflanzen, wie die Getreidearten, müssen in dieser Zeit gepflegt und geerntet werden, um ausreichend Nahrung für das nächste Jahr und für den Verkauf zu haben. Der Sommer ist durch den höchsten Sonnenstand, die längsten Helligkeitsphasen des Tages und durch die wärmste Witterung geprägt. Er umfasst die drei Monate Juni, Juli und August.

Juni

Der Juni führt seinen Namen nach der römischen Göttin Juno, zuständig für Ehe und Kinderkriegen. Außerdem hieß er auch „Rosenmond", „Brachmond" und „Johannismond".

■ Meteorologische Besonderheiten des Monats

Zum Kindertag am 1. Juni beginnt auch der meteorologische Sommer. Doch in der Zeit zwischen 5. und 14. 6. kann uns der Sommermonsun kühle Temperaturen mit reichlichen Niederschlägen bringen. Da die Schafschur auch Anfang Juni stattfindet, nannte man diese kalten Tage Schafskälte. Die Schäfer fürchten diese Kälteperiode, da sich die frisch geschorenen Schafe schnell erkälten. In der Zeit danach zeigt sich oft eine Tendenz zu sommerlichem Hochdruckeinfluss. Dann erfolgt die erste Heuernte der Bauern.
Der 21. Juni ist der längste Tag, daher wird er auf dem Kalender als Sommeranfang und Sommersonnenwende bezeichnet. Um diesen Tag wurden früher viele Feste wie Mitsommernacht (12 Tage lang) und Johannisnacht (24. 6.) gefeiert. Nach dem Johannistag kann mit einem Kaltlufteinbruch gerechnet werden, der die so genannte Johannisflut, also starke Regenfälle, mitbringt. Oft klingt der Juni mit einer Hochdruckwetterlage aus, die bis in die ersten Julitage anhält.
Es gibt im Monat Juni durchschnittlich 80 l/m² Regen und acht Gewittertage.

■ Bauernregeln

„Im Juni viel Donner verkündet den Sommer."
In drei von vier Jahren folgt nach besonders vielen Gewittern im Juni ein Juli mit viel Sonne.

„Wenn Johanniswürmchen schön leuchten und glänzen,
kommt Wetter zu Lust und im Freien zu tänzen."
Wenn am Abend auf der ungemähten Wiese gelbleuchtende, wurmähnliche Johanniskäferweibchen entdeckt werden, ist zu vermuten, dass der nächste Tag sonnig und warm wird. In der zweiten Junihälfte findet die Hochzeit der Johanniskäfer statt. Die Tiere leuchten, um sich zu finden, weshalb sie auch Glühwürmchen genannt werden.

Natur- und Wetterkalender

■ Tiere und Pflanzen als Wetterpropheten

Mauersegler verlassen vor Unwetter ihre Nester für ein paar Tage. Sie können 100 km/h schnell und bis 1000 km am Tag fliegen. Die Jungen warten ruhig mit herabgesetztem Stoffwechsel, der an einen Scheintod erinnert, auf ihre Rückkehr. Sind die sichelförmigen Silhouetten und „Schrie"-Rufe also plötzlich am Himmel verschwunden, ist mit stürmischem und nasskaltem Wetter zu rechnen.

Anhand des Flugverhaltens von Libellen kann auf das Wetter geschlossen werden: Bei sonnigem Wetter fliegen sie einzeln oder paarweise und ohne Eile. Wenn feuchtkühles Wetter kommt, werden Libellen hektisch, ändern in ihrem Flug ständig die Richtung und finden sich in Gruppen zusammen.

Aktivität: Am Gewässer wird das Flugverhalten der Libellen verfolgt und das kommende Wetterereignis notiert.

Die weißen Blüten der Robinie duften vor Regen stärker, weshalb viel mehr Insekten um den Baum herumschwirren.

Aktivität: Bei besonders intensivem Duft der Robinienblüten wird der kommende Wetterverlauf verfolgt und notiert.

Juli

Der Juli wurde zu Ehren von Julius Cäsar benannt, der in diesem Monat Geburtstag hatte. Der Monat hieß auch „Heumond", da die Wiesen gemäht wurden.

Dauert eine Hochdruckwetterlage im Sommer länger an, kann es zu Waldbränden kommen. Sie werden sehr selten (2 %) durch Blitzeinschlag verursacht und entstehen in der Regel durch Funkenflug von brennenden Zigaretten, Lager- und Grillfeuer. Daher werden Wälder bei der höchsten Waldbrandstufe 4 abgesperrt.

Aktivität: Mit den Kindern über Ursachen und Verhinderung von Waldbrandgefahr sprechen!

■ Meteorologische Besonderheiten des Monats

Der Juli ist der wärmste und regenreichste Monat des Jahres. Zu Beginn ist eine Schönwetterlage häufig. Kommt bis zum 10. des Monats ein vom Ozean heranwehender Westwind, fällt der Sommer sehr verregnet aus (Siebenschläfer). Häufig ist es zwischen dem 15. und 25. Juli am wärmsten. Diese Tage werden Hundstage genannt, da jetzt der Stern Sirius des Sternbildes Großer Hund mit dem Sonnenaufgang zu sehen ist (vom 23.7. bis 23.8.). Sirius ist der hellste Fixstern des Himmels, die Leuchtkraft ist 20mal stärker als die unserer Sonne. Die Zeit der Hundstage sahen die Bauern früher als sehr entscheidend für den Ernteverlauf an. War es warm und trocken, gab es eine gute Ernte. Bei Hitzewellen können Nord- und Ostsee bis 25 °C Wassertemperatur erreichen, normal sind 18–19 °C. Durch Westwind-Wetterlage kann es vor allem im letzten Drittel des Monats viel regnen. Es gibt viele Gewitter, auch mit tornadoartigen Sturmböen, Hagel und großen Niederschlagsmengen. Vor allem um den 22. Juli regnet es.

■ Bauernregeln

„Sankt Jacobi (25. 7.) nimmt hinweg alle Not, bringt Kartoffeln und frisches Brot."

Getreide und die ersten Kartoffeln sind reif.

„Die sieben Brüder das Wetter machen, ob sie weinen oder lachen."

Meteorologen haben festgestellt, dass das Wetter in der Siebenschläfer-Woche vom 3. bis 10. Juli den Wetterverlauf der kommenden Wochen anzeigen kann. Dann wird die Tendenz des Hochsommers im Norden von Deutschland in zwei von drei Jahren, im Süden in vier von fünf Jahren gezeigt.

Siebenschläfer und Hundstage

Material: Mal- und Schreibutensilien
Alter: ab 7 Jahren

Viele fürchten am so genannten „Siebenschläfer-Tag" (27. 6. nach julianischem, 10. 7. nach gregorianischem Kalender) Dauerregen, da der Tag das Wetter für die nächsten sieben Wochen verkünden soll. Ebenso können die so genannten „Hundstage" (ab dem 23. 7.) große Hitze und Trockenheit mit sich bringen.

Die jeweils benannten Tiere haben jedoch mit diesen Tagen und dem Wetterverlauf nichts zu tun. Dennoch denken die Kinder sich eine lustige Geschichte aus, wie diese Tage zu ihrem Tiernamen gekommen sein könnten. Sie malen oder schreiben ihre Geschichten auf.

Tiere und Pflanzen als Wetterpropheten

Vor Regen und Wind kommen Wildenten ans Ufer. Ein bis zwei Stunden vor dem Sturm verlassen sie das Gewässer in der Richtung, in die der Wind bläst. Erfahrene Angler und Segler wissen das und verlassen auch das Gewässer.

Viele Glühwürmchen am Abend und lautes Grillenzirpen künden von sonnigem Wetter am nächsten Tag.

Wenn Ameisen ihre Eingänge vermauern und trotz des Sonnenscheins in der Burg bleiben, wird es Regen geben.

Wenn Bienen frühmorgens nicht wie üblich aus ihrem Stock fliegen, um Honig zu sammeln, oder sie plötzlich mitten am Tag heimkehren und den Stock nicht mehr verlassen, wird es in sechs bis acht Stunden Regen geben. Beim Besuch auf einer blumenreichen Wiese ist also auch auf herannahendes regnerisches Wetter zu schließen, wenn trotz blauen Himmels und Sonnenscheins nur wenige Honigbienen unterwegs sind. Wenn Wolken den Himmel bedecken, aber die Bienen fliegen, wird das Wetter „besser".

Ringelblume, Ackerkratzdistel und Ackerwinde öffnen ihre Blüten nur bei sonnigem Wetter. Ihre Blütenstände folgen dem Lauf der Sonne. Droht Regen, schließen sie die Blüten.

Das Sauerkleebarometer

Material: Blumentopf, Wasser
Alter: ab 5 Jahren

Sauerklee wird auch „Hasenkohl" genannt, da Hasen die Blätter gern fressen.

Im Wald eine Sauerkleepflanze ausgraben, mit der Erde in einen Blumentopf pflanzen und zu Hause angießen. Den Blumentopf an einen schattigen Platz außen am Fenster stellen.

Klappt der Sauerklee seine Blätter nachts zusammen und lässt sie herabhängen, am Tag jedoch nicht, wird das Wetter trocken. Lässt die Pflanze aber am Tag die Blätter zusammengeklappt und gehen in der Nacht bereits die Blüten auf, gibt es Regen.

Großer Hund

August

Den August benannte der römische Kaiser Augustus nach sich selbst, da er in dem Monat die meisten Siege errungen hatte. Außerdem wollte er, wie sein Onkel Cäsar, auch einen Monat nach sich benannt haben. Damit der Monat gleich viele Tage hatte wie der Juli, stahl Augustus dem Februar einen Tag. Der Monat August wurde auch „Erntemond" und „Schnittmond" genannt.

■ Meteorologische Besonderheiten des Monats

Typisch für den August sind ein warmer Monatsanfang und ein warmes Monatsende. Wird das erste Drittel des Monats durch Westwetterlage geprägt, ist es kühl und feucht. So fällt in acht von zehn Jahren zwischen dem 5. und 7. August Regen. Durch Hochdruckeinfluss können die ersten 14 Tage sommerlich warm ausfallen, dann folgt die feuchtkühle Witterung vom 15. bis 23. Der Spätsommer zum Monatsende zeigt sich wieder warm und trocken. Insgesamt fallen im August durchschnittlich 75 l/m² Niederschlag. Nordwind bringt beständig schönes Wetter. Die heißesten Tage des Jahres treten jetzt auf. Statistisch sind durchschnittlich sieben Sommertage (mindestens 25 °C) und ein Tropentag (mindestens 30 °C) zu verzeichnen. Mit fünf bis sechs Gewittertagen ist zu rechnen, davon fällt jeder 10. Niederschlag als Hagel.

■ Bauernregeln

„Schöner Laurentiustag – trockener Herbst."
In vier von fünf Jahren (80 %) folgt nach einem sonnigen Laurentiustag (10.8.) ein trockener Herbst. Das können die Kinder verfolgen.

„Bleibt Sankt Barthel im Regen stehen, ist ein guter Herbst vorauszusehen."
Wenn der 24.8. (Sankt Barthel) zu nass ist, wird in vier von fünf Jahren (80 %) der Oktober und in zwei von drei Jahren (66 %) der November zu trocken.

Tiere und Pflanzen als Wetterpropheten

Grillen, Grashüpfer und Heuschrecken zirpen besonders ausdauernd, wenn es warm ist und der nächste Tag auch warm wird. Heuschrecken zirpen schneller, je wärmer es ist.
Adlerfarnblättchen ringeln sich vor regnerischem Wetter nach oben, vor trockenem Wetter nach unten.
Disteln stechen weniger und Kletten kleben schlechter vor Regen. Bleibt das Wetter trocken, kleben Klettenfrüchte besonders gut.
Aktivität: Klettenfrüchte lassen sich gut zu einer Figur ineinander stecken. Jeder bastelt ein Tier seiner Wahl, es muss nicht immer ein Igel sein. Empfindliche Personen sollten dabei Handschuhe tragen, da die Haut durch die Widerhaken jucken kann.

Spinnen können Luftdruckänderungen bis fünf Tage vor Wetteränderung spüren. Früher wussten die Bauern: Weben die Kreuzspinnen am Morgen fleißig neue Netze, bleibt das Wetter schön und das Heu kann weiter trocknen. Sitzen aber die Spinnen untätig herum und flicken auch ein kaputtes Netz nicht, steht Regen an und das Heu muss eingefahren werden.
Aktivität: Das Verhalten der Spinnen in ihren Netzen wird verfolgt. Wie könnte sich das Wetter entwickeln?

Vorschulalter: „Pitsch und Patsch – der Regen macht keinen Quatsch"

Der Regen steht im Mittelpunkt des Projektes. Man kann ein Regenfest feiern, für das sich folgende Übungen anbieten:
- *Regen mit allen Sinnen erleben* (→ S. 82)
- *Tropfengröße und Regenstärke ermitteln* (→ S. 82)
- *Weiches Regenwasser schmecken, sehen und fühlen* (→ S. 84)
- *Der Regentanz* (→ S. 85)
- *Das Sauerkleebarometer* (→ S. 33)
- *Der Wasserkreislauf im Einmachglas* (→ S. 63)

Die Kinder schneiden große, runde Regentropfen aus blauem Tonkarton aus und hängen sie als Girlanden auf.

Das Märchen „*Klassentreffen der Regentropfen*" (→ S. 86) wird vorgelesen, danach trinken alle ein Glas Wasser.

Grundschulbereich: „Die Kraft der Sonne"

Für eine Wetterfühlung im Sommer steht meistens die Sonne im Vordergrund. Folgende sinnreiche und spielerische Übungen bereichern dieses Thema:
- *Warme Steine, kalte Steine* (→ S. 56)
- *Schwarzes Heizhemd und weißes Kühlshirt* (→ S. 57)
- *Sonnenwärme nutzen* (→ S. 57)
- *Fata Morgana* (→ S. 58)
- *Sonne tanken* (→ S. 59)

Der Herbst

Die Verwandtschaft des Wortes „Herbst" mit dem englischen Wort *harvest* (Ernte) verweist auf die ursprüngliche Bedeutung dieser Jahreszeit. Es ist die Zeit der Früchte und der Ernte. Die bunte Ausstrahlung des Herbstes durch die Früchte, Blüten und die verfärbten Laubblätter gleicht dem kraftvollen Aufbäumen der Natur, bevor die dunkle Jahreszeit das Zepter übernimmt. Die Instabilität der Großwetterlage, die aufgrund der verringerten Sonneneinstrahlung entsteht, verursacht die typischen Herbststürme. Das alles passiert in den drei Herbstmonaten September, Oktober und November.

September

Der Name September geht auf die lateinische Zahl *septem* (Sieben) zurück, da der September im römischen Kalender der siebte Monat im Jahr war. Er wurde auch „Herbstmond", „Holzmond" und „Wildmond" genannt sowie „Scheiding" für den Abschied vom Sommer. Bezogen auf die Temperaturen ist er der „Mai des Herbstes", allerdings werden die taghellen Phasen kürzer. Anfang des Monats verschwindet die Sonne um 20 Uhr, Ende des Monats schon um 19 Uhr.

■ Meteorologische Besonderheiten des Monats

Am 1. September beginnt der meteorologische Herbst. Mit 79 % Wahrscheinlichkeit bringt ein mitteleuropäisches Hoch vom 1. bis 10.9. warmes, sonniges Wetter und vom 21.9. bis 2.10. mit dem Altweibersommer ebenfalls trockene, warme Tage. Dazwischen ist kühle, feuchte Witterung zu verzeichnen. Es gibt durchschnittlich drei Sommertage, 14 Regentage, zwei Gewittertage und sieben Nebeltage, vor allem in Flussniederungen.

■ Bauernregeln

„Ist der September lind, wird der Winter ein Kind."
In drei von vier Jahren folgt nach einem zu warmen September ein zu milder Winter (vor allem im Februar).

„September schön in den ersten Tagen, will den ganzen Herbst ansagen."

Werden Polarlichter schon im September entdeckt, verkündet eine Bauernregel:

„Nordlicht an der Himmelshöh' verkündet zeitig Eis und Schnee."

■ Tiere und Pflanzen als Wetterpropheten

Fliegen die Vögel früh in ihre afrikanischen Überwinterungsgebiete ab und kommen die Wintergäste aus dem Norden sehr früh zu uns, stellt sich ein kalter, langer Winter ein.

Oktober

Der Name Oktober geht auf die lateinische Zahl *octo* (Acht) zurück, da der Oktober im römischen Kalender der achte Monat im Jahr war. Er wurde auch „Weinmond" genannt, da die Weinlese stattfindet. Außerdem hieß er auch „Gilbhart" – reich an Gelbem, was sich auf die reichliche Laubfärbung bezieht. Am letzten Wochenende des Monats werden die Uhren um eine Stunde auf die Winterzeit zurückgestellt. Bei dieser Rückkehr zur eigentlichen Mitteleuropäischen Zeit bekommen wir eine Stunde „geschenkt", allerdings wird es für uns dann am Abend auch eine Stunde eher dunkel.

■ Meteorologische Besonderheiten des Monats

Der Oktober zeigt ruhige und anhaltende Schönwetterlagen. Er ist oft bis zum 10. Oktober feucht und kalt. Dann bildet sich zu 70 % vom 10. bis 20.10. eine Schönwetterperiode mit Nebel, der erst nach 10 Uhr von der Sonne aufgelöst wird. Doch es wird kälter. Im letzten Drittel kann mit einem Kälteeinbruch gerechnet werden. In durchschnittlich drei bis sieben Nächten gibt es bundesweit Bodenfröste. Im Alpengebiet treten ab dem 16.10. sogar schon die ersten Schneefälle auf. Der Oktober ist einer der regenärmsten Monate. Vom 10. bis 29. Oktober soll es sehr stürmisch sein. Maximal vier Stunden Sonne sind dann nur noch am Tag zu erwarten. Jeder dritte Tag soll laut Wetterstatistik neblig sein. Da sich Kaltluft über die Warmluft schiebt, kann sich der Nebel nicht mehr auflösen. So bleibt es den ganzen Tag dunstig. Jedoch ab einer Höhe von 600 m ist sonniges Wetter mit guter Fernsicht zu verzeichnen.

■ Bauernregel

„Warmer Oktober bringt fürwahr stets einen kalten Januar."

Ist der Oktober durchschnittlich zu warm und zu trocken, folgt mit 90 %iger Wahrscheinlichkeit ein sehr kalter Januar.

■ Tiere und Pflanzen als Wetterpropheten

Verschließen die Bienen ihr Einflugloch fast vollständig mit Wachs, wird es einen strengen Winter geben. Bleibt es jedoch weit geöffnet, wird der Winter mild. Verschließen die Bienen sehr früh ihr Einflugloch, wird der Winter früh beginnen.

Maulwürfe buddeln tief, wenn ein kalter Winter vor der Tür steht. Daher entstehen sehr hohe Haufen vor strengen Wintern. Schließlich verkriechen sich die Regenwürmer – ihre Winternahrung – auch tiefer in den Boden. Maulwürfe müssen auch im Winter alle vier Stunden Nahrung suchen, da sie sonst verhungern.

Die Intensität der Laubfärbung hängt vom Wetterverlauf ab. Je sonniger die Tage und je kühler die Nächte, desto lebhafter werden die Herbstfarben. Das Blattgrün wird abgebaut, seine Bestandteile abtransportiert und für das nächste Jahr in der Wurzel aufgehoben. Die gelben Farbstoffe bleiben zurück. Rot bildet sich durch Zuckerreste im Blatt. Zwischen Blattstiel und Ast wird nun ein Korkverschluss gebildet und das Blatt kann abfallen. Bei frühzeitigem Starkfrost werden die Blätter schnell braun und nicht bunt. Die Trennschichtbildung an den Blattstielen verzögert sich.

November

Der Name November geht auf die lateinische Zahl *novem* (Neun) zurück, da er im römischen Kalender der neunte Monat im Jahr war. Er wurde auch „Nebelmond" genannt, da Nebeltage häufig sind. Diese verleihen dem November einen trüben und tristen Charakter, der so manchen Menschen in Depressionen fallen lässt.

■ Meteorologische Besonderheiten des Monats

Vom 28. 10. bis 6. 11. tritt in zwei von drei Jahren die so genannte „Allerheiligenruhe", ein Hochdruckgebiet, auf und es ist trocken, neblig und mäßig kalt. Dann folgt wechselhaftes und windiges Wetter. Wenn die Allerheiligenruhe ausbleibt, zeigt sich ab dem 11. 11. der Spätherbst als „Martinshoch" mit Dauernebel und Nachtfrösten. Anschließend kann es regnerisch und frostfrei mit milden Temperaturen und ohne Nebel sein. An durchschnittlich mindestens zehn Tagen gibt es Hochnebel und an mindestens 12 Tagen Wind mit mehr als Windstärke 6. Östliche Winde können Nachtfröste bis –10 °C bringen.

■ Bauernregel

*„Wie das Wetter an Sankt Kathrein,
so wird es auch im Februar sein."*

Wenn es an den Tagen um den 25. November (Sankt Katharina, Tag der Schutzpatronin der SchülerInnen) zu trocken ist, dann folgt in vier von fünf Jahren ein zu trockener Februar. Ist es da zu feucht, folgt in drei von fünf Jahren ein zu nasser Februar. Traditionell wurde am 25. 11. mit dem Plätzchenbacken begonnen.

■ Tiere und Pflanzen als Wetterpropheten

An der Verholzung junger Baumtriebe erkennen Förster, dass es bald kalt werden könnte.

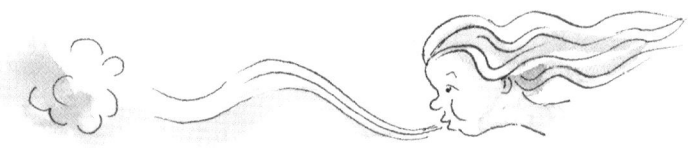

Wetterprojekte im Herbst

Vorschulalter: „Wind, Wind – fröhlicher Gesell"

Diese windreiche Zeit bietet genügend Raum für ein Windfest. Folgende Übungen werden empfohlen:
- *Wind mit allen Sinnen erleben* (→ S. 75)
- *Windmühle basteln* (→ S. 73)
- *Wir erzeugen Wind* (→ S. 71)
- *Verhalten bei Sturm* (→ S. 76)

Drachensteigen und ein Märchen wie „Der Flügelschlag des Adlers" (→ S. 78) sollten nicht fehlen.

Grundschulbereich: „Herbststürme und Altweibersommer"

Der Herbst ist wieder eine unruhige Jahreszeit, in der die warme Witterung von der kalten abgelöst wird. Das geht natürlich mitunter mit viel Energie vor sich. Die Herbststürme sind ein kräftiges Beispiel dafür. Es gibt aber auch ruhige Wetterabschnitte. Diesem Spannungsbogen wird die Wetterfühlung unter dem Thema „Herbststürme und Altweibersommer" gerecht. Empfohlen werden:
- *Nebel des Grauens* (→ S. 98)
- *Tau treten* (→ S. 100)
- *Luftdruck mit allen Sinnen erleben* (→ S. 65)
- *Einen Windsack bauen* (→ S. 73)
- *Verhalten bei Sturm* (→ S. 76)

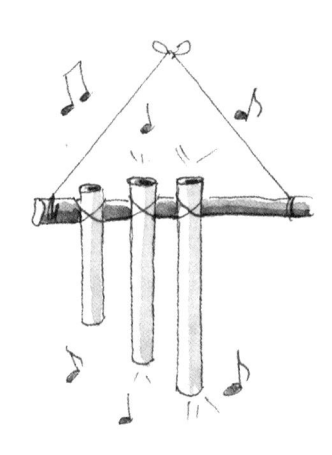

Der Winter

Der Winter scheint mit seiner Kälte, dem Frost und dem Schnee die Natur zum Stillstand zu bringen. Das ist nur ein oberflächlicher Eindruck, da die meisten Pflanzen und Tiere in einen echten oder scheinbaren Winterschlaf verfallen sind. Bei genauerem Hinsehen lässt sich auch in dieser tristen Jahreszeit Leben entdecken. Die bevorstehende Länge und die Härte des Winters kann man bei genauer Beobachtung der Pflanzen und Tiere mit relativer Sicherheit abschätzen.

Dezember

Die Silben *decem* im Monatsnamen stehen für Zehn, der Dezember war im alten römischen Kalender der zehnte Monat des Jahres. Er wurde auch „Wintermond", „Julmond" und „Schlachtmond" (wegen der Hausschlachtungen) genannt. Der Dezember leitet den Winter mit Kälte und der mancherorts häufigen weißen Pracht ein. Die Wintersonnenwende und das Ende der kurzen Tage wurde von den Germanen mit dem 12 Tage dauernden Julfest gefeiert.

■ Meteorologische Besonderheiten des Monats

Der meteorologische Winter beginnt am 1.12. Im Dezember gibt es die meisten Nebel- und die meisten Niederschlagstage, nämlich durchschnittlich 17, wobei der Niederschlag im Bergland komplett und im Flachland nur an durchschnittlich sechs Tagen als Schnee fällt.
Mit einer Wahrscheinlichkeit von 81% bringt vom 1. bis 10.12. eine Westwetterlage niederschlagsreiches Tauwetter. In zwei von drei Wintern folgt dann vom 14. bis 24.12. ein Winterhoch über Osteuropa mit Kälte und Trockenheit. Pünktlich zum Heiligabend setzt mit 72% Wahrscheinlichkeit wegen einer Westwetterlage das so genannte Weihnachtstauwetter ein. Eine weiße Weihnacht ist aufgrund dieser Wetterlage im Flachland sehr selten, nur alle sieben bis acht Jahre tritt dieser Herzenswunsch ein. Häufig kommt erst nach dem Weihnachtsfest ein Wintereinbruch mit strengem Frost und Schnee.

Wetterzeichen
Wann wird der Winter mild, wann kalt?

Ein typisch milder Winter (durchschnittliche Lufttemperatur 1,5 °C über dem langjährigen Mittel) ist gekennzeichnet durch:
- Ende November: Kaltlufteinbruch, Schnee bis ins Flachland möglich
- um Neujahr: milde Westwindlage (Silvestertauwetter)
- Januar und Februar: starke Fröste sind selten, viele Westwindwetterlagen

Ein typisch strenger Winter (1,5 °C unter dem langjährigen Mittel) zeigt:
- ab Oktober: lange Hochdrucklagen (durchschnittlich 1,5 °C zu warm, zu trocken)
- ab 10. Dezember: Temperatursturz, Weihnachtstauwetter und Neujahrskälte
- von Januar bis März: oft Ostwindlagen

Normale Winter sind mild-feucht mit Schnee oberhalb 500 m, im Flachland gibt es selten Schnee und viele ruhige Hochdruckwetterlagen. In den letzten Jahren häuften sich jedoch milde Winter.

Natur- und Wetterkalender

■ Bauernregeln

*„Fällt auf Eligius ein kalter Wintertag,
die Kälte noch vier Wochen dauern mag."*
Ist es am 1.12. (Eligius) sehr kalt (mittlere Temperatur unter dem Gefrierpunkt), wird zu 70% Wahrscheinlichkeit der Dezember durchschnittlich zu kalt sein. Die Kältewelle muss jedoch nicht vier Wochen dauern.

*„Entsteigt Rauch gefrorenen Flüssen,
ist auf lange Kälte zu schließen."*

■ Tiere und Pflanzen als Wetterpropheten

Haben Eichhörnchen ihre Kobel niedrig gebaut, wird der Winter frostreich sein. Sind die Nester dagegen hoch im Baum, soll der Winter warm werden. Vor kalten Wintern häufen Eichhörnchen auch einen besonders großen Vorrat an. Sind sie im Winter außerhalb ihres Nestes sehr aktiv, wird es wärmer.
Aktivität: Vor Sonnenschein heben Fichten ihre Zweige und senken sie vor Regen. Das bleibt auch im getrockneten Zustand so. Daher kann ein draußen am Stammstück aufgehängter Fichtenzweig (ausgedienter Weihnachtsbaum) als Wetteranzeiger dienen.

Januar

Der Januar wurde nach dem römischen Gott Janus, Hüter der Türen und Tore, des Anfangs und des Endes benannt. Er hieß früher auch „Hartung" und „Hartmond", also der Monat der härtesten Fröste. Man wünschte ihn sich immer schneereich. Dieser Wunsch kommt nicht nur von den Kindern, die Schlitten fahren wollen, sondern auch von den Bauern, damit der Schnee die Wintersaat vor der Kälte schützt. Die Kälte ist aber andererseits auch wichtig, um bei dem Getreide und anderen Pflanzen die Fruchtbildung zu stimulieren. Im Januar werden die Tage wieder länger, paradoxerweise wird es dann auch kälter.

Aufwärmspiele

Alter: ab 6 Jahren
Anzahl: mindestens 8 Kinder

Wer im Winterhalbjahr eine Weile draußen ist, kühlt aus. Daher muss immer für genügend Wärme und Bewegung gesorgt werden. Dazu bieten sich so genannte Aufwärmspiele an.

Wildschweinrotte

Wildscheine sind sehr gesellige und soziale Waldtiere. Sie schubbern sich gern gegenseitig den Rücken.

Alle Kinder reiben sich gegenseitig den Rücken, die Seiten und den Po aneinander, um warm zu werden.

Bienentraube

Bienen bilden eine Traube um die Königin, um sie warm zu halten. Von Zeit zu Zeit schlüpfen sie von ganz außen in die Mitte, um sich selbst wieder aufzuwärmen. So vollzieht sich ein ständiger Wechsel der äußeren und inneren Bienen und jede wärmt die andere. Die Königin hat den besten Platz, denn sie wird ständig von allen Seiten gewärmt.

Bei diesem Aufwärmspiel wird das Verhalten der Bienen nachempfunden. Eine Person ist die Königin. Alle anderen sind die Arbeitsbienen, die ganz eng um die Königin stehen und sie warm halten. Von Zeit zu Zeit gehen die Kinder, die ganz außen stehen, zur Königin, um sich aufzuwärmen.

■ Meteorologische Besonderheiten des Monats

Der Januar ist der kälteste Monat bei uns. Das Jahr beginnt oft mit der so genannten Neujahrskälte mit Schnee und Eis bis zum 4. Januar, dann folgt trübes, mildes Wetter. Etwa vom 15. bis 26. Januar tritt zu 78 % Wahrscheinlichkeit der Hochwinter ein. Ein Kontinentalhoch mit Frost und Schnee wird wetterbestimmend. Anschließend folgt mildes Wetter, das bis zum 5. Februar andauern kann.

Das letzte Drittel des Januars ist im langjährigen Durchschnitt am kältesten. Es gibt durchschnittlich 19 Frosttage und 16 Tage mit Niederschlag von durchschnittlich 48 l/m², davon zur Hälfte als Schnee (im Bergland nur Schnee). Auf einen sehr kalten Januar folgt häufig ein sehr kalter Februar.

■ Bauernregel

„Wenn bis Dreikönigstag kein Winter ist, kommt keiner mehr nach dieser Frist."

Ist es von Weihnachten bis zum 6. Januar mild, folgt ein milder Hochwinter. Ist es bis zum Dreikönigstag zu kalt bei geschlossener Schneedecke, ist zu 80 % Wahrscheinlichkeit ein zu kalter Januar mit viel Schnee zu erwarten.

■ Tiere und Pflanzen als Wetterpropheten

Kommen Meisen plötzlich bei Sonnenuntergang vermehrt zur Futterstelle, kann mit Kälte und starkem Schneefall gerechnet werden. Nach den relativ warmen Tagestemperaturen sinken nun die Temperaturen, und die Feuchtigkeit legt sich als Eisschicht auf die Rinde der Bäume und Sträucher. In den Ritzen und Spalten der Borke versteckt sich aber das Futter (wirbellose Tiere), und die Vögel kommen nicht mehr heran. Also suchen sie von Menschen eingerichtete Futterstellen auf.

Februar

Der Februar bekam seinen Namen von den Römern nach dem lateinischen Wort *februare*, das Reinigung bedeutet. Denn früher im altrömischen Kalender war es der letzte Monat des Jahres. Die Römer beendeten das Jahr mit einem Großreinemachen (heutzutage Frühjahrsputz) und baten ihre Götter für eigene falsche Taten im zurückliegenden Jahr um Verzeihung. Zum Abschluss des alten Jahres gab es einen Umzug mit Kerzen. Im Althochdeutschen hieß der Monat „Hornung", da die Hirschmännchen ihr Geweih abwerfen. Der Februar ist meist sehr kalt, was zum einen am niedrigen Sonnenstand, zum anderen an Kaltluftströmungen aus dem Norden liegt.

■ Meteorologische Besonderheiten des Monats

Der Februar wird meist mit milder Witterung eingeläutet. Ab dem 5. Februar kommt in zwei von drei Jahren ein Winterhoch aus Nordosteuropa und bringt den so genannten Spätwinter mit einer Schneedecke und tiefen Temperaturen. So werden Kälterekorde aufgestellt. Da aber die Sonne schon anderthalb Stunden länger scheint als im Januar, sind die durchschnittlichen Höchsttemperaturen höher. Der Spätwinter kann mit mildem Wetter vom 15. bis 20. Februar unterbrochen sein. Bei Südwest- und Westwind können abgeschwächte Ausläufer von Hurrikans stürmisches Wetter bringen. Durchschnittlich werden nur noch 16 Frosttage und 14 Tage mit Niederschlag erreicht. Der Niederschlag fällt im Westen eher als Regen, im Osten mehr als Schnee. Doch eine feste Schneedecke nimmt von Süden (München: 19 Tage) nach Norden (Berlin: 13 Tage, Hamburg: 10 Tage) ab. An den Alpen kann Föhn Tageshöchsttemperaturen von 20 °C erzeugen.

Föhn

Föhn wird nicht nur zu einem Haartrockner, sondern auch zu einem Wind gesagt. Dieser trockene, warme Wind tritt in Deutschland im Alpenvorland auf. Er bringt gute Fernsicht (über 50 km) mit. In München kann man an solchen Tagen sogar im Februar im T-Shirt herumlaufen, ohne sich zu erkälten.

■ Bauernregel

„Hat Petri Stuhlfeier Eis und Ost,
bringt der Winter noch herben Frost."

Weht um den 22. Februar Ostwind, ist noch lange mit starkem Frost zu rechnen. Ist es in dieser Zeit zu warm oder kalt, wird es mit bis zu 75 % über dem Durchschnitt zu warm oder kalt. Wenn es zwischen dem 20. und 22. Februar nicht regnet, so wird es mit 90 % Wahrscheinlichkeit bis Ende März weniger regnen als normal.

Natur- und Wetterkalender

Tiere und Pflanzen als Wetterpropheten

Kommen aus dem Norden die Vögel gezogen, folgt große Kälte nach. Das ist darauf zurückzuführen, dass die Gewässer zufrieren und die Vögel bei uns Futter suchen. Dann zieht das Hoch zu uns und bringt niedrige Temperaturen mit sich. Spatzen machen bei sonnigem Wetter durch ihr Tschilpen viel Spektakel, jedoch vor Regen sollen sie schweigsam und weniger aktiv sein. Tschilpen sie bei regnerischem Wetter, soll es bald wieder trocken werden. Wenn sie Federn und Flaum sammeln und in ihr Nest tragen, deutet das auf strengen Frost hin. Tschilpen sie einträchtig zusammen, kündigen sie meist Tauwetter an.

Eiszapfen

Alter: ab 5 Jahren

Besonders bei Kindern sind Eiszapfen, die sie abbrechen und wie Eis lecken, beliebt. Eiszapfen bilden sich, wenn die unterste Schneeschicht taut und herunterläuft. Die Luft im darüber liegenden Schnee schützt das Wasser vor dem Gefrieren. Tritt nun das Wasser nach außen, gefriert es je nach Froststärke langsam oder schnell. Bei mildem Frost bilden die Wassertropfen durch den längeren Weg lange dünne Eiszapfen. Bei starkem Frost entstehen kurze dicke Zapfen.

Die Kinder lutschen kleine, saubere Eiszapfen um die Wette. Große Eiszapfen fassen sie mit Handschuhen an und verwenden sie zum Zielweitwurf. Welche Eiszapfen fliegen weiter, die kurzen dicken oder die langen dünnen? Wo wurden sie gefunden? Wie sind sie geformt? Ihre Form lässt auf den Temperaturverlauf der letzten Tage schließen.

Wetterprojekte im Winter

Vorschulalter: „Das Schneefest"

Im Januar ist ein Schneefest fast ein Muss, da Kinder den Schnee über alles lieben. Folgende Übungen werden empfohlen:
- *Schnee mit allen Sinnen erleben* (→ S. 89)
- *Schneesterne basteln* (→ S. 91) und damit dekorieren
- *Sport im Schnee* (→ S. 92)
- *Spuren im Schnee* (→ S. 92)
- *Aufwärmspiele* (→ S. 43)

Lieder und Märchen („Die Farbe des Schnees", → S. 93, oder Frau Holle) gehören natürlich dazu.

Grundschulbereich: „Weiches und hartes Wasser"

Der Winter ist die Jahreszeit der Kälte und des Eises. Doch er hält auch viel Spannendes und scheinbar Widersprüchliches für uns bereit. Unser Vorschlag für eine Wetterfühlung in dieser Jahreszeit lautet: „Weiches und hartes Wasser". Folgende Übungen bieten sich für dieses Projekt an:
- *Aufwärmspiele* (→ S. 43)
- *Schneesterne basteln* (→ S. 91) und damit dekorieren
- *Schneenamen* (→ S. 91)
- *Schnee mit allen Sinnen erleben* (→ S. 89)
- *Eiszapfen* (→ S. 45)
- *Wasser und Eis* (→ S. 51)

Wetterelemente

Zur Wettervorhersage werden mehrere Faktoren herangezogen. Lufttemperatur, Luftfeuchte, Luftdruck, Wind und Niederschlag werden gemessen, die Bewölkung wird bewertet. Jedes dieser Wetterelemente zeigt eindrucksvoll, wie unsere Umwelt (Mitwelt) durch das Wirken der Naturgesetze geformt wird.

Lufttemperatur und Sonnenschein

Bei Sonnenschein sticht die Distel mehr als an regnerischen Tagen.

Die Jahres- und Tageszeiten sind durch unterschiedliche Temperaturen gekennzeichnet. Dabei ist die Einschätzung, ob es warm oder kalt ist, sehr subjektiv. Wir empfinden z. B. 15° C im Februar als warm, im Juli allerdings als sehr kalt. Eine messbare Größe für die Wärme bzw. Kälte bei Wetterbeobachtungen ist die Temperatur der Luft.

● **Entstehung der Lufttemperatur**

Die Sonne ist die Grundlage des Lebens auf unserer Erde. Sie ist nicht nur die Energiequelle für die Photosynthese, das ist die Traubenzuckerbildung aus Wasser und Kohlendioxid in den grünen Pflanzenteilen, sondern auch die Quelle der Erwärmung der Luft und somit der Motor für den Ablauf aller Wettererscheinungen. Entsprechend der Höhe des Sonnenstandes und des Einstrahlungswinkels werden die Lufttemperaturen beeinflusst und es entstehen dadurch die Tages- und Jahreszeiten. Die größte Mittagshöhe erreicht die Sonne am 21. Juni. Das ist auch der längste Tag des Jahres. Am 21. Dezember ist der Sonnenstand am niedrigsten und der kürzeste Tag wird erreicht. Am 4. Januar kommt die Erde der Sonne am nächsten. Aber durch den Erdachsenwinkel und die abgewandte Seitenstellung der Erde von der Sonne ist dieser Tag nicht der wärmste des Jahres.

Der Einstrahlungswinkel der Sonne auf die Erde kann durch folgende Experimente verständlich gemacht werden.

Wetterelemente

Sonnenwärme im Jahresverlauf

Material: Styropor-Ball (ø mindestens 5 cm), Folienstifte, Schaschlikspieß aus Holz, Styroporplatte, Tischlampe
Alter: ab 7 Jahren

Entscheidend für die Jahreszeiten ist der Winkel der Erdachse von 23,5°, wodurch im Dezember der Südpol mehr zur Sonne gewandt ist und im Juni der Nordpol mehr bestrahlt wird.

Auf dem Styroporball die Kontinente nach dem Vorbild eines Globus einzeichnen. Das Heimatland mit einem roten Punkt kennzeichnen. Den Schaschlikspieß durch den Nord- und Südpol stecken, so dass der Holzstab die symbolische Erdachse bildet.

Damit der Strahlengang der „Sonne" auf dem „Erdball" sichtbar wird, das Zimmer verdunkeln und die Kugel neben die Lampe halten. Dabei steht die Erdachse senkrecht leicht angeschrägt. Um den Tagesgang der Licht- und Temperaturverhältnisse zu zeigen, dreht ein Kind die „Erde" an dem Spieß um sich selbst. So lässt sich die Erwärmung der Erde am Tag (beschienene Seite) und die Abkühlung in der Nacht (schattige Seite) darstellen. Nun wird die „Erde" mit der „Erdachse" in einem Winkel von etwa 23,5° auf eine Styroporplatte befestigt. Die Entstehung der Jahreszeiten wird deutlich, wenn das Kind die „Erde" um die Lampe kreist. Wichtig ist dabei, dass die Spießrichtung schräg nach rechts zeigt. Bescheint die „Sonne" vorwiegend die Nordhalbkugel, ist bei uns Sommer und auf der Südhalbkugel ist Winter.

Sonnenhöhe und Jahreszeiten

Material: Zeichenblock, Farben, Pinsel, Wasser (oder Filzstifte), Kreide, Bleistift; evtl. kleine Steine; evtl. 4 Holzpflöcke

Alter: ab 6 Jahren (Schattenzeichnungen ab 9 Jahren)

Die Lufttemperatur hängt von der Stärke der Sonneneinstrahlung ab. Der Winkel der Sonneneinstrahlung ist in den Jahreszeiten unterschiedlich. Im Sommer ist die Sonne in Mitteleuropa mit einem Winkel von 60°, im Winter nur noch von 20° über dem Horizont zu sehen. Diese unterschiedlichen Einstrahlungswinkel bewirken auch unterschiedliche Schattenlängen.

Die Kinder zeichnen an sonnigen Tagen um den kalendarischen Frühlings- (21.3.), Sommer- (21.6.), Herbst- (23.9.) und Winteranfang (21.12.) mittags um 12 Uhr (MEZ!) immer am gleichen Platz ein Bild. Auf dem Bild sollte die Sonne und ihre Entfernung über dem Horizont zu sehen sein. Günstig für die Auswahl des Zeichenplatzes ist es, wenn ein feststehendes Gebäude oder ein Baum als Orientierungspunkt ausgewählt wird.

In Abhängigkeit vom Alter der Kinder können bei diesen jahreszeitlichen Bildern auch die Schattenlängen von dem Baum oder Haus gemalt werden.

Je höher die Sonne steht, desto kürzer sind die Schatten. Dieses Prinzip, das wir im Jahresverlauf beobachten können, gilt natürlich auch für jeden einzelnen Tag.

Variante 1
Im Tagesverlauf lässt sich die Schattenlänge verfolgen, indem der Schatten eines Kindes oder Baumes frühmorgens, mittags und abends am gleichen Standort mit Steinen umrandet wird.

Variante 2
Statt in einem Bild lässt sich die Länge des Schattens auch in der Realität darstellen. Dazu werden vier Holzpflöcke benötigt. An sonnigen Tagen um die kalendarischen Eckpunkte wird mittags um 12 Uhr MEZ (21.3., 21.12.) bzw. um 13 Uhr (21.6., 23.9.) an der maximalen Schattengrenze eines festen Objektes (Haus, Baum, Zaunpfahl u.Ä.) jeweils ein Holzpflock in die Erde geschlagen oder eingegraben. Auf den Holzpflock das entsprechende Datum schreiben.

● Die Temperaturmessung

Die Sonnenstrahlung an sich ist nur hell. Die Wärme entsteht erst, wenn die Lichtstrahlung auf einen Gegenstand trifft und diesen erwärmt. Die so entstandene Wärmestrahlung wird nun an die Umgebung, z.B. an die Luft, abgegeben. Durch Dauer und Intensität der Sonneneinstrahlung wird demzufolge die Luft erwärmt. Die Lufttemperatur wird mit einem Thermometer gemessen. Das Thermometer muss sich in geschützter Lage befinden, damit die Anzeige nicht vom Wind und von der direkten Sonnenbestrahlung verfälscht wird. Der Tageshöchstwert der Temperatur wird zwischen 14 und 15 Uhr ermittelt, der Tagestiefstwert im Sommerhalbjahr kurz nach, im Winterhalbjahr kurz vor dem Sonnenaufgang abgelesen. Im Juli werden in der Regel die wärmsten und im Januar die kältesten Temperaturen des Jahres festgestellt.

Die durchschnittlichen Tagestemperaturen hängen auch von der Höhenlage und der Nähe zur Küste ab. Je höher der Ort liegt, desto niedriger sind diese Werte. Befindet sich der Ort an der Küste, bewirken im Vergleich zu den anderen Orten die wärmeaufnehmenden Wassermassen geringere Temperaturunterschiede zwischen Tag und Nacht sowie im Sommer und im Winter. Seen und Meere sind Wärme- und Kältepuffer.

Temperaturmessungen

Material: 1 Minimum-Maximum-Thermometer, weiß angestrichenes, seitlich mit Luftlöchern ausgestattetes Kästchen für das Thermometer, Millimeterpapier, Bleistift, Lineal
Alter: ab 7 Jahren

1592 erfand Galileo Galilei ein einfaches Thermometer. Dabei schwimmen in einem mit einer Flüssigkeit gefüllten Glasgefäß kleine, mit bunten Flüssigkeiten gefüllte Kugeln. Der Auftrieb der Kugeln verändert sich in Abhängigkeit von der Temperatur. 1714 entwickelte Gabriel Fahrenheit ein Quecksilberthermometer. 1742 legte Anders Celsius die 100-teilige Temperaturskala fest.

Die Kinder messen die Temperatur mit einem Minimum-Maximum-Thermometer. Das Thermometer liegt in einem mit seitlichen Luftlöchern ausgestatteten, weiß angestrichenen Kästchen. Die Kinder stellen das Kästchen draußen zwei Meter über dem Boden und zehn Meter vom Gebäude entfernt auf. Sie lesen die Temperaturen um 7 Uhr und um 14 Uhr ab.

Tagesmitteltemperatur ermitteln

Um die Tagesmitteltemperatur errechnen zu können, stündlich die Temperaturen ablesen, dann die Werte addieren und die Summe durch die Anzahl der Ablesungen teilen.

Temperaturverlauf

Um den Temperaturverlauf zu verfolgen, die stündlich gemessenen Werte in einem Diagramm auf Millimeterpapier einzeichnen und die Punkte verbinden.

Wetterelemente

● Die Wärme

Die Wärmestrahlung auf der Erde entsteht durch die Sonneneinstrahlung. Die Atmosphäre und die Wolken halten die Wärmestrahlung vor der Abgabe ins Weltall zum Teil zurück, wodurch bei uns lebenswerte Temperaturen entstehen. Die Lebewesen haben sich an die Temperaturen an ihren Wohnorten durch ihren Körperbau oder ihre Lebensweise angepasst. So fühlen sich Eisbären am Nordpol aufgrund ihrer Fettpolster und dem dichten Fell wohler als in den Tropen. Andersherum würde ein Flusspferd im Land des ewigen Eises nicht überleben. Bei uns haben sich die Pflanzen und Tiere auch an die gemäßigten Temperaturen angepasst. Steigen die Temperaturen an manchen Sommertagen über den normalen Wert, ist das für alle Organismen und somit auch für uns Menschen extremer Stress, der für manche tödlich enden kann. Wir werden träge, der Körper trocknet sehr aus, erhitzt zu stark und es kommt mitunter zum Zusammenbruch des Kreislaufsystems. Die bisher heißesten Sommertage wurden am 13. 8. 2003 in Karlsruhe und in Freiburg mit 40,2 °C gemessen. Das waren schon afrikanische Verhältnisse. Der durchschnittlich wärmste Sommer Deutschlands seit den Wetteraufzeichnungen war im Jahr 2003, der wärmste Winter 1974/75, der kälteste Sommer 1816 und der kälteste Winter 1829/30.

● Die Kälte

Fällt die Temperatur unter den Gefrierpunkt (0 °C), sprechen wir von Frost. Bodenfrost wird 5 cm über dem Boden, Luftfrost hingegen 2 m über dem Boden gemessen. Obwohl Deutschland im Allgemeinen ein gemäßigtes Klima hat, wurden auch schon sehr niedrige Temperaturen gemessen. Die bisher niedrigste Temperatur in Deutschland wurde am 12. 2. 1929 im niederbayerischen Hüll (Ortsteil von Wolnzach/Kreis Pfaffenhofen) registriert. An dem Tag zeigte dort das Thermometer nur –37,8 °C an. Sicher ist diese Temperatur recht bescheiden gegenüber den Extremfrösten etwa in Russland. Die Menschen in diesem Land haben in ihrer Märchenwelt für die Extremkälte sogar eine eigene „Planstelle" errichtet. Vielen ist der alte, weißbärtige Mann namens „Väterchen Frost" aus den russischen Märchen bekannt, der mit seinem Zauberstab die Welt weiß werden lässt.

Wasser und Eis

Material: Thermometer, Lineal, Gläser, Wasser, Eiswürfel, Handtuch, Papier, Bleistifte, leere Gefrierdose mit Deckel
Alter: ab 6 Jahren

Unterhalb einer Temperatur von 0 °C wird Wasser fest, also zu Eis. Das Eis schwimmt auf dem Wasser, obwohl es kälter als Wasser ist. Denn Wasser ist bei 4 °C am schwersten, es hat bei dieser Temperatur seine größte Dichte. Das schwerste Wasser mit der Temperatur von 4 °C sinkt im Winter daher auf den Gewässerboden. Kälteres Wasser und Eis ab 0 °C bleiben darüber. Daher frieren die Seen im Winter nicht von unten nach oben zu. So bleibt das Leben im See erhalten. Wenn ein Teich mindestens 1 m tief ist, friert er in der Regel im Winter nicht mehr als 30 cm tief zu. Die Pflanzen können durch das Eis noch Photosynthese betreiben. Die Fische atmen weniger und fressen nicht. Im Schlamm sind Libellenlarven, Eintagsfliegenlarven und Frösche aktiv, aber aufgrund der tieferen Außentemperatur sehr träge.

Draußen

Die Kinder messen an offenen Gewässern die Wassertemperatur mit einem Thermometer und die Eisdicke mit einem Lineal.

Wetterelemente

Im Raum

Dass Eis leichter als Wasser ist, lässt sich leicht zeigen. Jedes Kind legt einen Eiswürfel in ein Glas voll Wasser. Sinkt er zu Boden oder schwimmt er?

Titanic-Effekt

Die Dichte von Eis ist um 10% geringer als die von Wasser. Daher sind Eisberge zu neun Teilen unter Wasser und schauen nur zu einem Teil heraus. So kam es zum Titanic-Unglück 1912.

Wie viel des Eiswürfels taucht unter? Die Kinder zeichnen die Beobachtung auf und falten kleine Papierboote, um das Schiffsunglück nachzuspielen.

Eis sprengt Stein

Eis braucht mehr Platz als Wasser. Daher darf eine volle Glasflasche nicht im Gefrierschrank gekühlt werden, weil sie sonst platzt. Aus demselben Grund gehen auch Asphaltstraßen im Winter kaputt. In kleine Risse dringt Wasser ein und gefriert. Das Eis sprengt den Asphalt auf. Durch häufiges Auftauen und Gefrieren entstehen Löcher.

Eine Eisschachtel bis zum Rand mit Wasser füllen und mit einem Deckel verschlossen einfrieren. Der Deckel hebt sich.

Eis unter Druck

Eis schmilzt unter Druck, daher können wir Schlittschuh laufen oder rutschen auf dem Eis aus.

Bei einem Schlitterwettbewerb auf einer gefrorenen Pfütze testen die Kinder diesen Effekt. Welches Kind schlittert am weitesten?

Auswirkungen des Temperaturwechsels

In Abhängigkeit von der Temperatur verdunstet Wasser zu Wasserdampf, es entstehen Wolken oder Nebel. Bei einer um 10° erhöhten Lufttemperatur kann die Luft doppelt so viel Feuchtigkeit aufnehmen, was eine entsprechende Verdunstung an Land zur Folge hat. Ab einer bestimmten Lufttemperatur und Höhe entsteht aus den Wassertropfen Schnee, Graupel oder Hagel.

Das Klima mit seinen Temperaturschwankungen hat durch Eisbewegungen, Verwitterung und Erosion die Erdoberfläche geformt. Mehr als ein Drittel der heutigen Landschaften verdanken ihre Form Frost und Eis. Eis hat mehr Volumen als Wasser. Ein häufiger Wechsel von Frost und Auftauen zerkleinerte das Gestein mechanisch. Die Berge wurden schroff, die Hänge steil. Das zerbröselte Gestein wurde vom Regen fortgeschwemmt und lagerte sich ab. Wo Feuchtigkeit und Wärme zusammenwirkten, wurde Gestein durch chemische Prozesse zu kleinsten Teilchen zerlegt. Es entstanden abgerundete Landschaften im Wechsel mit dicht bewachsenen Ebenen. So bildeten sich verschiedene Landschaften aus. Regenwasser hat Minerale im Gestein gelöst, so dass Höhlen entstanden sind und das Meer salzig wurde.

Besondere Temperaturen in Städten

Die Lufttemperatur wird nicht nur durch die Sonnenaktivität, sondern auch durch die Menschen beeinflusst. So tritt in Großstädten der Frühling zwei bis drei Wochen früher, der Winter zwei bis drei Wochen später ein. Das hat verschiedene Ursachen. So ist zum einen die Luft über der Stadt stärker verschmutzt als über Wiesen und Wäldern. Durch die Ansammlung von Teilchen aus Autoabgasen und Schornsteinen bilden sich über den Städten mehr Wolken. Die Ruß- und Gasteilchen verringern die Wärmeabstrahlung. Außerdem speichern am Tag die Steine der Gebäude und der Straßenasphalt die Sonnenwärme und geben sie nachts wieder ab. Viele Gebäude sind nicht gut isoliert und halten daher auch Heizwärme in der kalten Jahreszeit nicht gut zurück. Die Umgebung wird dann mitgeheizt. In Städten wachsen natürlich auch weniger Bäume als in Waldgebieten. Bäume sorgen aber durch Schattenbildung und Verdunstung von Wasser für Abkühlung. Diese kühlende Verdunstung der Bäume fehlt daher den Städten im Sommer.

Gefühlte Temperatur (Windchill-Temperatur)

Jeder hat sicher schon bemerkt, dass wir die Lufttemperatur an manchen Wintertagen als kälter empfinden, als das Thermometer anzeigt. Doch Thermometer und Wetterbericht verkünden hier durchaus die Wahrheit. Der Unterschied hängt von der Windstärke ab. Der Wind entzieht dem Körper Wärme, da er die Hautfeuchtigkeit verdunsten lässt und die eigene Wärmehülle wegbläst. Diese so genannte Windchill-Temperatur (aus dem Amerikanischen, heißt Windfrösteln) wird sogar errechnet. So empfinden wir z. B. eine Lufttemperatur von 0 °C bei einem Wind der Stärke 3 wie –7 °C, bei Windstärke 6 wie –16 °C. Doch jeder Mensch empfindet anders. Während z. B. der Opa im November noch im Unterhemd im Garten arbeitet und die große Schwester bauchfrei zur Disko tobt, friert Mutti trotz des dicken Pullovers. Den kühlenden Effekt des Windes kann man auch im Sommer spüren. Sommerliche Hitze ist leichter zu ertragen, wenn es windig ist. Allerdings ist dann der kühlende Wind auch nicht ganz ungefährlich, da wir nun die intensive Sonneneinstrahlung nicht als unangenehm spüren und uns so schneller einen Sonnenbrand holen.

Wind kühlt aus

Material: 2 Thermometer, Kästchen, Strick
Alter: ab 8 Jahren

Im Winter bei Frost und Wind schätzt jedes Kind einmal, wie kalt es ist, wenn es erst eine Minuten lang an einer windgeschützten Stelle verharrt und dann genauso lang im kalten Wind steht. Danach wird die Lufttemperatur gemessen, einmal mit einem in einem Kästchen geschützt liegenden Thermometer und einmal mit einem frei im Wind hängenden Thermometer. Sind zwischen den gemessenen und den empfundenen Temperaturen Unterschiede festzustellen?

■ Temperatur mit allen Sinnen erleben

Material: 1 Schreibunterlage, 1 Blatt DIN A4-Papier und 1 Bleistift pro Person, Augenbinden
Alter: ab 5 Jahren

Sehen

Die Kinder beobachten selbstständig beim Spaziergang, wie Tiere und Pflanzen auf die Sonnenwärme reagieren, und malen das auf.
- An warmen Tagen im Frühling tauchen die ersten Blätter und Blüten aus der Erde auf und es strecken sich Knospen.
- Im Sommer falten Schmetterlinge bei Sonnenschein ihre Flügel weit auseinander. Eidechsen, Schlangen und Insekten liegen in der Sonne und tanken die Wärme. Die heiße Luft über der Straße flimmert.
- Im Herbst sehen die Kinder viele Vögel am Himmel nach dem Süden fliegen, da diese im Winter aufgrund der Kälte keine Insekten als Nahrung finden. Säugetiere (z. B. Hunde, Katzen, Kaninchen) bekommen ein dickes Winterfell, um den kalten Wintertemperaturen zu trotzen.
- Im Winter sehen die Kinder ihre rot gefrorenen Nasen, Eisblumen und überfrorene Pfützen. Wie können die Kinder die entsprechende Temperatur außerdem noch sehen?

Hören

Im Winter: Bei einer Temperatur von 10 °C sollen Menschen am besten hören. Doch je kälter die Luft ist, desto langsamer breitet sich der Schall aus. Unter Wasser ist der Schall mit 1400 m/s schneller als in der Luft, wo er sich mit 340 m/s ausbreitet. Daher ist für die Tiere im Wasser das Betreten der Eisflächen durch Menschen im Winter furchtbar laut. Aufgrund dessen, dass die Tiere aus Angst bei Lärm aktiver werden können, verbrauchen sie auch mehr Energiereserven, was unter Umständen für sie im Laufe des Winters lebensgefährlich werden kann. Um Kälte zu hören, muss es mindestens −5 °C sein. Dann knirscht beim Laufen nämlich der Schnee unter den Füßen.

Im Sommer: Um Wärme zu hören, müssen alle im Wald leise sein. An heißen, trockenen Tagen ist das Knistern der Nadeln an den Kiefern und Fichten zu hören. Beim Laufen über das trockene Laub raschelt es laut.

Riechen

Aber auch die Nase kann unterschiedliche Temperaturen wahrnehmen. Ist es im Sommer warm, riechen z. B. Nadelbäume intensiver, da die ätherischen Öle leichter verdunsten. Selbst der Asphalt ist zu riechen.

Schmecken

Sogar unser Geschmack reagiert auf unterschiedliche Temperaturen. Gefrostetes Speiseeis schmeckt anders als aufgetautes Eis. Das wird natürlich zur Freude der Kinder ausprobiert. Auch schmeckt kaltes Wasser besser als warmes Wasser.

Fühlen

In der Regel fühlen Menschen die Temperatur mit ihrem größten Sinnesorgan, der Haut. Unsere Haut zeigt uns Wärme und Kälte an, denn in der Haut liegen die eigentlichen Wärme- und Kälterezeptoren. Ist es sehr warm, schwitzen wir und Schweißperlen entstehen auf der Haut. Wenn der Schweiß verdunstet, wird es angenehm kühl. So reguliert die Haut unsere Körpertemperatur. Ist uns aber kalt, bekommen wir eine Gänsehaut. Die Körperhaare stellen sich dann auf, um ein größeres Luftpolster zwischen Körper und kalter Umgebung zu bilden. Reicht das nicht aus, um warm zu werden, kommt es zu Muskelkontraktionen und wir zittern uns warm. Bei manchen Menschen bewegen sich einige Gesichtsmuskeln so stark, dass sie mit den Zähnen „klappern". Bei großer Kälte sticht sogar die eingeatmete Luft in der Nase.

Winter-Aktivität: Die Kinder erfühlen bei einem Aufenthalt draußen, ob Frost ist oder nicht. Danach kann das Thermometer zu Rate gezogen werden.

Sommer-Aktivität: An einem sonnigen Tag Pärchen bilden. Einem Partner die Augen verbinden. Dann den blinden Partner langsam und vorsichtig mal in der Sonne, mal im Schatten herumführen. Die „blinde" Person soll jeweils erraten, wann sie sich wo befindet.

Schattenfangen

Alter: ab 4 Jahren

Das Spiel findet auf einem schattenfreien, begrenzten Platz statt. Ein Kind ist Fänger und versucht in den Schatten eines anderen Kindes zu treten. Hat es dies geschafft, tauscht es mit dem Kind, in dessen Schatten es getreten ist, die Rolle. Dieses Spiel ist sehr gut geeignet, angestaute Bewegungsenergie abzubauen. Es kann auch der Erwärmung dienen.

Temperatur und Bekleidung

Alter: ab 5 Jahren

Im Zusammenhang mit der Temperatur besprechen Kinder und Erwachsene die richtige Bekleidung im Freien. Dazu wird u. a. das Zwiebelschalensystem (viele dünne Pullis anstelle eines Dicken) im Winter erklärt. Was passiert, wenn wir uns nicht entsprechend der Außentemperaturen bekleiden (Erkältung, Schwitzen ...)? Diese Frage beantworten die Kinder durch eigene Überlegung. Sie betrachten die Menschen auf der Straße bzw. die Schüler auf dem Schulhof und schätzen jeweils ein, ob diese Personen für die Temperatur richtig angezogen sind. Über ihre Beobachtungen tauschen sie sich aus.

Tiere und Pflanzen als Temperaturpropheten

Tiere und Pflanzen reagieren sehr empfindlich auf Wärme und Kälte. Das ist auch logisch, denn die Stoffwechselvorgänge benötigen für ihre optimale Funktion einen mehr oder weniger engen Temperaturbereich. Besonders empfindlich reagieren so genannte wechselwarme Tiere, das heißt Tiere, deren Körpertemperatur sehr stark von der Umgebungstemperatur abhängt.

Insekten beispielsweise bewegen sich nur dann intensiv, wenn ihre Körpertemperatur wenigstens 17–20 °C erreicht. In den Nachtstunden verfallen daher viele Insekten in einen Starrezustand. Hummeln können im Frühling schon bei Temperaturen ab 5 °C herumfliegen, weil sie ihren Körper durch Muskelzittern aufwärmen. Sie kühlen aber an den Blüten schnell aus, so dass sie sich erst wieder vor dem Flug warm zittern müssen. Bienen fliegen erst bei einer Umgebungstemperatur von mindestens 12 °C.

Amphibien und Reptilien reagieren ebenfalls deutlich auf die Außentemperatur. Erdkröten z. B. ziehen erst zu ihren Laichgewässern, wenn die Nächte nicht kälter als 5 °C sind. Auch gleichwarme Tiere reagieren auf verschiedene Temperaturen, z. B. Fledermäuse, die im Winterschlaf ihre Körpertemperatur herabsetzen.

Ebenso reagieren Pflanzen auf unterschiedliche Temperaturen. Die Rhododendronblätter hängen bei Frost herunter und richten sich bei Temperaturen über 0 °C wieder auf. Typisch ist auch eine Abhängigkeit der Blütenöffnung von der Temperatur, was man sehr schön auf einer Blumenuhr sehen kann. Hier besteht wahrscheinlich ein evolutionärer Zusammenhang mit der Aktivität der bestäubenden Insekten, die dann aktiv werden.

Warme Steine, kalte Steine

Material: große Feldsteine zum Sitzen, schwarze und weiße Lackfarbe, Pinsel
Alter: ab 5 Jahren

Steine speichern Sonnenwärme. Daher nutzen einige Tiere sie als Sitzplatz, wie Eidechsen, Frösche, Kröten, aber auch Insekten, wie Tagschmetterlinge und Käfer. Sie sind in ihrer Aktivität von der Außentemperatur abhängig. Dunkle Flächen (z. B. Straßen) trocknen schneller in der Sonne nach Regen, Tau, Reif und Schnee bzw. Eis schmilzt dort schneller als auf helleren Flächen.

Die Kinder malen die einzelnen Sitzsteine weiß oder schwarz an. Wenn sie trocken sind, werden an sonnigen Tagen beim Draufsitzen Temperaturunterschiede gefühlt. Die schwarzen Steine wandeln die Sonnenstrahlen gut in Wärme um, das heißt, sie absorbieren die Sonnenstrahlen und werden im Sommer sogar heiß. Die Steine können die Wärme einige Zeit gut speichern. Die weißen Steine hingegen reflektieren das Sonnenlicht, wie es auch der Schnee macht, und erwärmen sich daher nicht so gut.

Wetterelemente

Schwarzes Heizhemd und weißes Kühlshirt

Material: Hemden oder T-Shirts in hellen und dunklen Farben
Alter: ab 4 Jahren

Farben absorbieren das Sonnenlicht unterschiedlich intensiv, wandeln die Sonnenenergie auch unterschiedlich stark in Wärmeenergie um. Weiße Kleidung z. B. erwärmt sich nicht so schnell wie schwarze. Daher sollten an heißen Tagen auch hellere Sachen bevorzugt getragen werden.

Diese Übung an einem sonnigen warmen Tag durchführen. Die Kinder ziehen nacheinander ein helles (weißes) und ein dunkles (schwarzes) T-Shirt an und setzen sich für ca. 3 Minuten in die Sonne. Anschließend unterhalten sie sich über die unterschiedliche wärmende Wirkung der verschiedenen T-Shirt-Farben.

Sonnenwärme nutzen

Material: schwarzer Gartenschlauch
Alter: ab 4 Jahren

Sonnenwärme wird schon von vielen Hausbesitzern genutzt, um ihr Brauchwasser zu erwärmen. So genannte solarthermische Anlagen fangen auf dem Dach Sonnenstrahlen auf, die das Wasser in ihnen erwärmen. Schulen und Privathaushalte werden bei der Installierung solarthermischer Anlagen und auch von Photovoltaikanlagen (Stromgewinnung aus Sonnenkraft) finanziell vom Staat unterstützt.

Die Sonne erwärmt dunkle Gegenstände und auch das darin befindliche Wasser. Daher wird das Wasser in einem Schlauch, der in der Sonne liegt, schnell warm. Auch eine Sonnendusche funktioniert so. Mit dem warmen Wasser macht eine Wasserschlacht besonders viel Spaß.

Die Sonne erwärmt den Körper im schwarzen Pullover viel mehr als den im weißen.

Fata Morgana

Alter: ab 8 Jahren

Über den Asphaltstraßen flimmert an heißen Sommertagen eine Schicht heißer Luft direkt über dem Boden. Mitunter spiegelt sich in dieser Luftschicht der Himmel wider. Uns erscheint die Straße dann nass. Manchmal werden sogar weit entfernte Gegenstände sichtbar. Auf unseren Straßen ist also manchmal ein ähnliches Phänomen zu beobachten wie in den heißen Wüsten z.B. von Afrika. Die Wüstenbewohner haben die Trugbilder auf die Fee Morgana geschoben, die Wanderer in die Irre führen will.

Die Kinder betrachten eine Fata Morgana über einer Asphaltstraße an einem glühend heißen Sommertag ganz genau. Was ist in dem Spiegelbild alles zu erkennen? Solche Spiegelbilder können für die Phantasie Anstoß sein, um spannende Geschichten zu erfinden. Ein selbst gemaltes Bild macht diese Geschichten noch anschaulicher.

Sonne tanken – Meditation

Material: evtl. Iso-Matten
Alter: ab 4 Jahren

Wir legen uns an einem warmen Tag entspannt auf eine von Straßen entfernte Wiese (bei feuchter Erde auf eine Iso-Matte). Alle schweigen und schließen die Augen.
Die Spielleitung spricht ruhig:
Wir liegen wie Eidechsen in der Sonne und genießen die Wärme. Die Sonnenstrahlen machen uns sehr schön warm. Spürt diese Wärme. (Pause)
Die Sonne wärmt die Stirn und das ganze Gesicht. Spürt ihre Wärme auf dem Bauch, an den Händen und an den Beinen. Der ganze Körper ist warm. (Pause)
Ein Windhauch bringt eine leichte Abkühlung. (Pause)
Doch die Sonnenstrahlen wärmen den Körper wieder auf. (Pause)
Die Sonnenenergie wärmt auch unsere Muskeln auf. Sie nehmen die Energie auf und halten sich bereit, unsere Arme und Beine schnell zu bewegen. (Pause)
Die Eidechsen spüren jetzt eine Erschütterung auf dem Boden und krabbeln schnell davon. (Spielleitung hüpft auf der Wiese, die Kinder krabbeln schnell einige Meter.)

■ Mythologie und Geschichten über Wärme und Kälte

Da die Sonne über die Wärme und das Licht entscheidet und damit unser Leben ermöglicht, wurde sie schon immer verehrt. Es gab und gibt auch heute noch viele Feste zu Ehren der Sonne. Um dem Zeitpunkt des Julfestes der Germanen (21.12., ist der kürzeste Tag; die länger werdenden Tage wurden gefeiert) entstand das Weihnachtsfest. Das Frühlingsfest am 21.3. (Tag und Nacht sind gleich lang) entwickelte sich zum Osterfest und um den 21.9. (Tag und Nacht sind gleich lang) finden Erntedankfeste statt. An den längsten Tagen um den 21. Juni wurde die Sommersonnenwende gefeiert, heutzutage ist auch noch das Johannisfest üblich.
Die Sonne als wärmespendender Himmelskörper wurde in alten Kulturen als Gottheit angesehen. Natürlich hatte jedes Volk seinen eigenen Sonnengott. Die Ägypter huldigten Ra, ihren höchsten Gott. Die Griechen ehrten Helios, der seinen goldenen, vierspännigen Sonnenwagen morgens im Osten aus dem Meer lenkte, über den Himmel fuhr und abends vom Westen aus mit einer goldenen Fähre Pferde und Wagen wieder nach Osten brachte. Die Schwestern von Helios waren Selene, die Mondgöttin, und Eos, die Göttin der Morgenröte. Seine Dienerinnen waren die Göttinnen der Jahreszeiten Thallo (Göttin der Blüte), Auxo (Göttin des Wachstums) und Karpo (Göttin der Reife).

Wie die Sonne ihre Wärme verschenkte

Es gab eine Zeit, da war es auf der Erde sehr kalt. Die Tiere froren und manch eine Pflanze erfror. Viele Tiere hatten sich schon längst auf die Suche nach einem warmen Ort gemacht. Die Pflanzen konnten nicht weglaufen oder wegfliegen. Zur selben Zeit hockten auf einer Waldlichtung vier menschenähnliche Wesen um ein Lagerfeuer. Es waren die Brüder Frühling, Sommer, Herbst und Winter. Die Wärme des Lagerfeuers besserte gleich die Stimmung unter den vier Brüdern.

„Das kann so nicht weiter gehen!", sprach der Frühling. „Die Kälte hier auf Erden ist unerträglich. Seit ewigen Zeiten können wir uns nur am Feuer wärmen. Ich werde die Sonne aufsuchen und sie um etwas Wärme bitten." Die anderen Brüder belächelten nur müde den Frühling und legten neues Holz in das Feuer. Der Frühling machte sich also auf den Weg zur Sonne. Als er den nur wenig wärmenden riesigen Ball gefunden hatte, rief er die Sonne. Aber die Sonne reagierte nicht – sie schlief. Da schickte der Frühling eine Feldlerche zum Himmel, die die Sonne wecken sollte. Die Lerche flog so hoch sie nur konnte und sang aus Leibeskräften. Nach einigen Minuten kam Bewegung in die Sonne. Sie wachte auf und blinzelte verschlafen zur Erde.

„Liebe Sonne, gib mir doch ein bisschen Wärme", sprach der Frühling. „Mich friert, und die Pflanzen und Tiere wissen auch schon nicht mehr, wie sie sich warmhalten können."

Die Sonne gab dem Frühling zögerlich ein paar wärmende Strahlen. „Setze diese Wärme sinnvoll ein, denn die Strahlen sind zu kostbar, um sich damit nur die Hände zu wärmen. Verschwendest du diese Strahlen nicht, gebe ich dir vielleicht noch mehr", versprach sie.

Als die Sonne sah, dass ihre wärmenden Strahlen kleine grüne Pflanzen mit weißen, gelben und blauen Blüten wachsen ließen und an den Bäumen zarte grüne Blätter sich aus den Knospen reckten, war sie zufrieden über die farbliche Veränderung auf der Welt. Und als sie hörte, dass die Luft vom Gesang der Vögel, vom Quaken der Frösche und dem Summen und Brummen der Insekten erfüllt war, wurde ihr sonderbar froh

zu Mute. Der Frühling war glücklich über die Wärme der Sonne, die auch die Natur aufweckte.

Da kam der Sommer zur Sonne und bat sie, ihm auch ein paar Sonnenstrahlen zu schenken. Die Sonne war jetzt nicht mehr mürrisch und skeptisch und gab dem Sommer noch mehr Sonnenstrahlen als dem Frühling. „Nutze auch du die Sonnenstrahlen gut und setze sie sinnvoll ein", sagte

sie. Der Sommer versprach ihr das, doch die Sonne kontrollierte den Sommer sehr genau. Sie schaute sehr oft nach, was er so trieb. Und auch diesmal war sie zufrieden. Die Wälder waren satt grün, auf den Wiesen wuchsen das Gras und die Kräuter in die Höhe und die Grillen fiedelten von früh bis spät ihr Liedchen. Plötzlich begann es in einem Wald zu brennen. Die Sonne sah auch, wie einige Pflanzen verdorrten. Da bat sie den Wind, Wolken heranzutreiben, die einen kühlenden und erfrischenden Regen auf die Erde fallen lassen sollten. „Huch, das ist ja noch einmal gut gegangen", sagte sie. „Ich habe dir wohl zu viele Strahlen geschenkt, lieber Sommer." Doch der Sommer war über die Wärme überglücklich.

Da kam der Herbst zur Sonne und bat sie um ein paar wärmende Strahlen. Die Sonne war aufgrund der Erfahrung im Sommer etwas vorsichtiger und gab dem Herbst nur noch wenige davon. Der Herbst setzte sie wohl überlegt ein. Er war der heimliche Maler unter den Brüdern. Unter seiner Regie reiften bunte Früchte und auch die Wälder bekamen einen neuen Farbanstrich. Da der Herbst aber nur noch ein paar Strahlen von der Sonne erhalten hatte, wurde es langsam kühler. Einige Tiere zogen fort oder verkrochen sich, um der Kälte zu entfliehen. Der Herbst bat die Sonne, sie möge ihm doch noch ein paar Strahlen schenken. Doch die Sonne sagte nur: „Tut mir Leid, ich habe mich wohl etwas verausgabt. Ich bin müde geworden. Der Frühling, der Sommer und du Herbst, ihr habt mir sehr viel Freude bereitet. Lasst mich nun etwas ausruhen. Weckt mich wieder, wenn ihr mich braucht."

Die Sonne verfiel in einen Dämmerschlaf. Es wurde wieder kalt auf der Erde. „Das ist wohl nun meine Zeit", brummte der Winter, „aber mir macht die Kälte nicht viel aus." Er stapfte durch den Wald und deckte die Bäume und manche Tiere mit einer weißen Decke zu.

Die Sonne erholte sich, bis der Frühling ihr wieder die Feldlerche schickte, um sie mit ihrem Gesang zu wecken.

Luftfeuchte

● Der Feuchtigkeitsgehalt der Luft

Der Gehalt an Wasserdampf in der Luft wird Luftfeuchte genannt. Die Menge an Luftfeuchtigkeit zeigt an, ob sich das Wetter ändert. Warme Luft kann viel mehr Feuchtigkeit aufnehmen als kalte. Ist zu viel Wasserdampf in der Luft, gibt sie das überschüssige Wasser in Form von Tau, Reif, Nebel oder Wolken wieder ab.

Die Luftfeuchtigkeit wird mit einem Hygrometer gemessen. Leonardo da Vinci konstruierte um 1500 das erste Hygrometer. Bei zunehmender Feuchte dehnen sich Haare aus. Auf dieser Basis arbeitet ein Wetterhäuschen. Durch die Ausdehnung eines Haares wird der Regenschirmmann herausgedreht. Steigt die Luftfeuchtigkeit, wird es Regen geben.

■ Luftfeuchtigkeit mit allen Sinnen erleben

Alter: ab 5 Jahren

Um Luftfeuchtigkeit bewusst zu erleben, können wir alle Sinne einsetzen.

Sehen

Im Winter wird die Luftfeuchtigkeit unserer Atemluft sofort sichtbar, wenn wir aus dem warmen Zimmer in die frostige Luft kommen. Die Atemluft zeigt sich als kleine Nebelwolke, da sich die warme Luft abkühlt und dabei Feuchtigkeit als Nebeltröpfchen ausfällt. Wer von den Kindern kann die größte „Wolke" erzeugen? Brillenträger bemerken, dass sich durch plötzliche Temperaturänderung beim Betreten eines Raumes feuchte Luft auf den Brillengläsern niederschlägt.

Hören

Wir hören bei hoher Luftfeuchtigkeit alles etwas gedämpfter (→ S. 97, Nebel mit allen Sinnen erleben).

Fühlen

Ob eine Temperatur angenehm ist, hängt auch von ihrem Feuchtigkeitsgehalt ab. Im Sommer empfinden wir 30 °C bei trockener Luft noch als schön, aber 23 °C bei sehr feuchter Luft als unangenehm schwül. Jeder, der schon einmal in einer Trockensauna und in einem Dampfbad war, kann das bestätigen. In einem Dampfbad sind Temperaturen von 50–60 °C, aber eine Luftfeuchtigkeit von 100 %, so dass das Atmen sehr anstrengend ist. In der Trockensauna werden viel höhere Temperaturen bis 100 °C erreicht, aber der geringe Wasserdampfgehalt lässt uns das aushalten. Mit einem Aufguss ändert sich das, da uns gleich viel heißer wird.

Tipp: Die Gruppe könnte eine Sauna besuchen, um die Wirkung der Luftfeuchtigkeit zu begreifen.

Riechen

Bei höherer Luftfeuchtigkeit riechen wir besser (→ S. 82, Regen mit allen Sinnen erleben).

Silberdistelblüten

Alter: ab 4 Jahren

Die Blüten der Silberdistel (Carlina acaulis) eignen sich als Wetteranzeiger für die Luftfeuchtigkeit. Schon die Bauern wussten: „Wenn die Distel sich schließt, bedeutet es Regen."

Eine Silberdistel aus dem Gartencenter in den Garten pflanzen und beobachten. Die Blütezeit ist von Juli bis September. Die Kinder malen auf, ob es nach dem Schließen der Blüte am Vormittag Regen gab oder nicht.

Der Wasserkreislauf im Einmachglas

Material: 1-Liter-Einmachglas, Folie, Klebestreifen, Moos, Erde, Luftbefeuchter
Alter: ab 4 Jahren

Die Luftfeuchtigkeit zeigt den Zusammenhang zwischen dem Wasser am Boden (Flüsse, Seen, feuchte Pflanzen) und dem in der Luft (Wolken). Um dies begreifbar zu machen, wird der Wasserkreislauf im Kleinen nachgestellt.

In das Glas etwas Erde und Moos legen.
Mit dem Luftbefeuchter wird Regen gespielt, der auf die Bäume (Moos) fällt.
Das Glas mit Folie und Klebeband abdichten und auf das Fensterbrett stellen.
Scheint die Sonne, verdunstet das Wasser aus dem Moos und steigt als Luftfeuchte auf. Oben kondensiert das Wasser aus der Luft und fällt als Regen wieder auf das Moos bzw. läuft am Glasrand wieder herunter.

Luftdruck

● Das Gewicht der Luft

Luft ist zwar leicht, hat aber Gewicht. Sie drückt mit ihrem Gewicht auf alles unter ihr. Das wird Luftdruck genannt. Je mehr Luft übereinander steht, umso größer ist der Druck. Daher nimmt er auch im Gebirge ab, da dort weniger Luft übereinander liegt. Auf jeden Menschen lastet ein Luftgewicht von 200 Tonnen, das entspricht etwa dem Gewicht von 40 Elefanten. Der menschliche Körper drückt dagegen. Im luftleeren Weltraum muss der Mensch daher einen Raumanzug tragen, um nicht wegen seines inneren Körperdruckes zu platzen. Ein Kubikmeter Luft wiegt etwa 1 kg, also wiegt die Luft in einem Kinderzimmer von 20 m² etwa 50 kg.

Der Luftdruck entscheidet über das Wetter. Dort, wo mehr Luft vorhanden ist, drückt auch das Gewicht der Luft mehr und es entsteht Hochdruck. Bei Tiefdruck drückt weniger Luftgewicht. Aus der Wettervorhersage vernehmen wir: Hoher Luftdruck („Hochs") bringen sonniges Wetter, Tiefdruckgebiete feuchtes.

Leonardo da Vinci hatte festgestellt, dass der Druck der Luft im Flachland so groß ist, dass er Wasser 10 m hoch heben kann, aber nicht höher. So können mechanische Wasserpumpen in Brunnen maximal aus 10 m Tiefe Wasser heraufbringen.

Im Jahre 1642 erfand Evangelista Torricelli das Barometer, mit dem genaue Messungen des Luftdrucks für die Wetterforschung möglich sind. Früher galt die Höhe der Quecksilbersäule als Maßeinheit des Luftdrucks. Auf Meereshöhe bei 0 °C und trockener Luft erreicht eine Quecksilbersäule eine Höhe von 760 Millimeter (= 760 Torr), das einem Luftdruck von 1013 Millibar bzw. Hektopascal (hPa) entspricht. Der Luftdruck wird seit 1984 von Wetterstationen in Hektopascal angegeben. Er sinkt mit einer Höhe von 5,5 km um die Hälfte. Der höchste Luftdruck Deutschlands wurde in Berlin im Januar 2006 mit 1049 hPa gemessen.

● Barometer erklärt

Die Veränderung einer Barometeranzeige an einem Ort sagt etwas über eine Wetteränderung aus. Werden bestimmte Veränderungen des Barometers in den letzten drei Beobachtungsstunden festgestellt, lassen sich Aussagen über das kommende Wetter treffen:

Barometeranzeige	*Aussage über die Wettersituation*
langsamer, stetiger Anstieg	Wetter wird langfristig sonnig
schneller Anstieg	ist nur ein Zwischenhoch, stürmischer Wind
schneller Abfall	ein Sturm zieht auf
langsamer, stetiger Abfall	Wetter wird für mehrere Tage regnerisch
kurzer Abfall, dann sprungartiger Anstieg	ein Gewitter zieht auf
bleibt auf sehr tiefem Stand	im Winter mildes, im Sommer kühles Wetter
verharrt auf sehr hohem Stand	im Winter: große Kälte, im Sommer: große Wärme

Wetterelemente

Luftdruck mit allen Sinnen erleben

Alter: ab 5 Jahren

Um Luftdruck zu erleben, können wir alle Sinne einsetzen.

Sehen

Sehen können wir den Druck der Luft nicht nur auf der Anzeige des Barometers, sondern auch bei einem Experiment: Eine Plastikflasche (z. B. ½-Liter-Saftflasche) mit heißem Wasser ausspülen und dann fest verschließen. In der Regel verformt sich die Flasche einige Minuten später, da sich beim Abkühlen die Luftdichte in der Flasche im Gegensatz zur Außenluft verringert und so der Luftdruck von außen auf die Flasche drückt und sie verformt.
LKW-Reifen können mit ihrer Luft sogar eine Masse von 40 Tonnen tragen. Dafür ist ein bestimmter Luftdruck in den Reifen nötig.
Vögel können nur durch das Wegdrücken der Luft fliegen.

BAROMETER

Fühlen

Beim Fahren mit einem schnellen Fahrstuhl spüren und hören wir in den Ohren ein Knacken und Sausen. Schuld ist die Änderung des Luftdrucks. Ebenso ist der Ohrdruck zu spüren, wenn wir im Gebirge mit dem Auto einen hohen Berg herunterfahren oder wenn wir fliegen. Luftdruckänderungen können auch Wetterfühligkeit (→ S. 16) auslösen.

Hören

Eine Flöte funktioniert nur aufgrund des Luftdruckes. Luftdruckschwankungen, die den atmosphärischen Luftdruck überlagern, werden als Schall wahrgenommen. Auf diese Weise können wir hören. Der Schall ist 340 m/s schnell. Je größer die Luftdruckschwankungen und damit die Schallintensität sind, desto lauter empfinden wir den Schall. Unerwünschte Schalleinwirkungen, die Kopfschmerzen und Ärger auslösen, nennen wir Lärm.
Aktivität: Um den unmittelbaren Unterschied zwischen Ruhe und Lärm zu erleben, spielen die Kinder zunächst mit Musikinstrumenten eine Minute lang so laut wie möglich und stellen Geräusche her. Im Anschluss schweigt die Gruppe fünf Minuten lang. Anschließend sprechen sie über die Wirkung, die die Ruhe auf alle hatte.

Gewicht der Luft messen

Material: 2 gleich große Luftballons, Bindfaden, hölzerner Schaschlikspieß, leere Streichholzschachtel, Rosinen
Alter: ab 7 Jahren

Um eine ungefähre Vorstellung vom Gewicht der Luft zu vermitteln, vergleichen die Kinder die Masse der Luft mit der Masse eines für sie

Wetterelemente

Eine Flöte funktioniert nur aufgrund des Luftdrucks.

vorstellbaren Gegenstandes. Gewichte, mit der die Luftmasse quantitativ bestimmt werden könnten, sind für kleinere Kinder zu abstrakt. Kinder erfassen eher die Masse einer halben oder ganzen Rosine.

Die Kinder bauen eine kleine Waage. An dem Holzspieß in der Mitte einen Bindfaden zum Festhalten anbinden. Der Holzspieß muss im Gleichgewicht, also waagerecht, hängen. Mit der leeren Streichholzschachtel und Bindfäden eine Waagschale basteln.

Den leeren Luftballon an die eine Seite der „Waage" und die Waagschale an die andere Seite hängen. Mit Rosinen die Waage ausgleichen.

Den leeren Luftballon durch einen voll aufgeblasenen Ballon ersetzen und erneut die Waage mit halben Rosinen ausgleichen. Hängt der Stock wieder waagerecht, wissen wir, wie viele Rosinen die Luft im Luftballon wiegt.

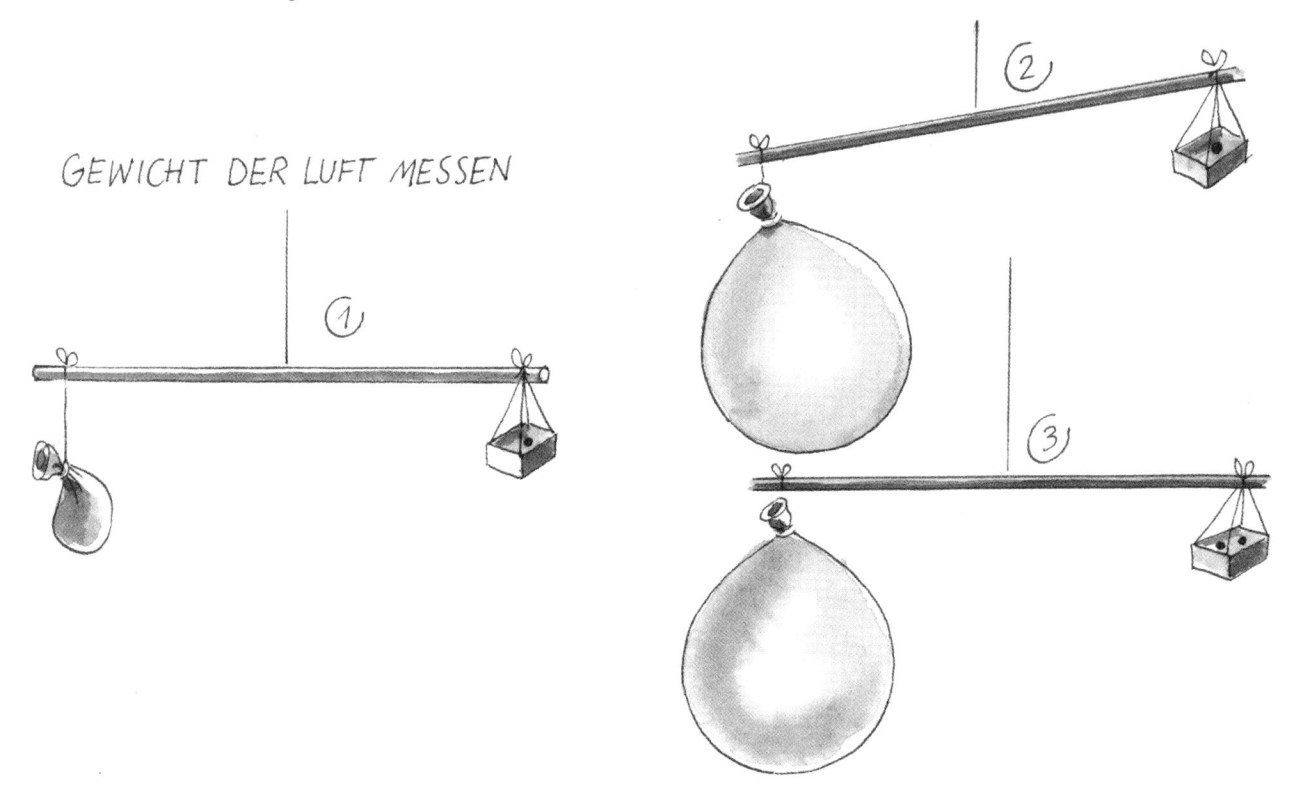

GEWICHT DER LUFT MESSEN

Luftdruck sichtbar machen

Material: 1 Glas, Wasser, Pappe
Alter: ab 6 Jahren

Die Pappe auf das mit Wasser randvoll gefüllte Glas legen und festhalten. Mit Schwung das Glas drehen. Nun die Pappe loslassen. Sie bleibt kleben, da die Luft von unten gegen die Pappe mit der gleichen Kraft drückt wie das Wasser im Glas.

● Tief Brigitte und Hoch Klaus

Es gibt Hochdruckzonen und Tiefdruckgebiete. Seit 1954 teilen ihnen die Meteorologen Frauen- und Männernamen zu, die inzwischen auch von der Bevölkerung gekauft werden können. Im Jahr 2006 konnte für 299 € ein Hoch einen erwünschten Männernamen erhalten, ein Tief konnte für 199 € einen Frauennamen bekommen. Der unterschiedliche Preis liegt an der unterschiedlichen Häufigkeit ihres Erscheinens. Im Jahr gibt es etwa 150 Tiefdruckgebiete, aber nur 50–60 Hochdruckzonen.

● Hochdruckgebiete

Im Hochdruckgebiet ist der Luftdruck höher als in seiner Umgebung. Um das auszugleichen, fließt Luft in Erdbodennähe aus dem Hochdruckgebiet heraus. Gleichzeitig strömt Luft aus höheren Schichten nach. Diese absinkenden Luftmassen erwärmen sich, werden trocken, Wolken lösen sich auf und die Sonne scheint.

Wetterelemente

| KALTFRONT | ZWISCHENHOCH | LANDREGEN | WARMFRONT |

AUF DER WETTERKARTE:

● Tiefdruckgebiete

Bei uns treffen ständig warme, feuchte Westwinde vom Atlantik und kühle, kontinentale Ostwinde aufeinander. Auf diese Weise bilden sich so genannte Fronten aus, das sind Gebiete, in denen Ost- und Westwinde miteinander kämpfen. Trifft schwere Kaltluft auf feuchte Warmluft, schiebt sie sich unter sie und drückt die warme Luft schnell nach oben, so dass Wolken und Gewitter entstehen. Das heißt dann Kaltfront. Trifft warme Luft auf kalte, steigt sie auf und regnet sich als andauernder Landregen ab. Dieses nennt man Warmfront. Warmfronten und Kaltfronten bilden Wirbel, in denen niedriger Luftdruck herrscht, die Tiefdruckgebiete. Die kalte Luft wandert schneller als die warme Luft. Daher überholt die Kaltfront die Warmfront. Es kommt zur Okklusionsfront, wobei unbeständiges, windiges Wetter mit Niederschlägen entsteht.

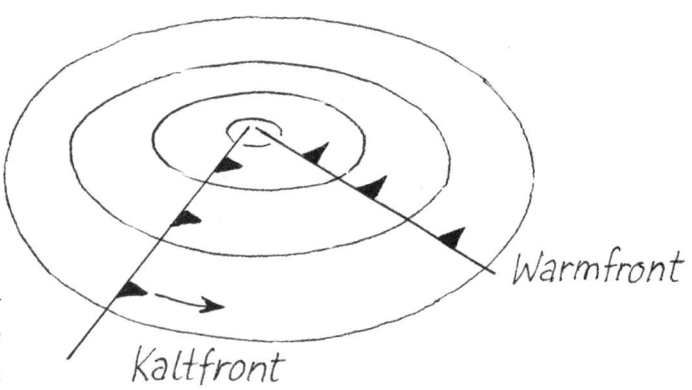

■ Tiere und Pflanzen als Luftdruckanzeiger

Angler können von April bis Oktober ein Phänomen beobachten: *„Springen die Fische, fällt Regen."* Wie ist dieser seltsame Zusammenhang zu erklären? Insekten fliegen bei niedrigem Luftdruck tief. Damit sind sie auch eine leichte Beute für Fische. Die Fische springen aus dem Wasser, um diese zu fangen.

Eine andere Wetterregel besagt: *„Fliegen die Schwalben hoch, bleibt der Sonnenschein, fliegen sie hingegen tief, fällt Regen drein."* Insekten werden in ihrer Flughöhe vom Luftdruck beeinflusst. Die Schwalben folgen den Insekten, da sie sich von ihnen ernähren.

Wind

Der Wind dreht die Flügel dieser Bockwindmühle in Straupitz (Brandenburg). Mit Hilfe seiner Kraft werden Getreidekörner gemahlen, Leinöl ausgepresst und Holzbretter gesägt.

Wind weht immer zwischen Orten unterschiedlichen Luftdrucks und bringt uns so das Wetter heran. Wenn sich warme und kalte Luftmassen vermischen, entstehen Turbulenzen, die wir als Windböe spüren. Wind erzeugt die Wellen auf Gewässern und formt die Sanddünen. Wind kann sogar die Wuchsform von Bäumen formen. Das ist an Meeresküsten, wo Seewind bläst, gut zu sehen.

Winde werden nach der Richtung benannt, **aus** der sie wehen. Windrichtung und Windgeschwindigkeit werden mit verschiedenen Geräten in 12 m Höhe über dem freien Grund gemessen. Die Windgeschwindigkeit wird mit einem Anemometer ermittelt. Dieses Gerät besteht aus drei Halbkugeln, die sich vom Wind angetrieben im Kreis drehen. Dabei wird die Anzahl der Umdrehungen des Windmessers pro Sekunde erfasst.

Ein geübter Blick in die Natur verrät uns auch einiges über den Wind. Die Zugrichtung der obersten Wolken zeigt an, wohin der Höhenwind weht und ob das Tief kommt oder geht. Dazu muss sich der Beobachter mit dem Rücken zum Bodenwind stellen. Weht nun der Höhenwind von rechts, zieht das Tief ab. Weht er von links, kommt das regnerische Wetter heran. Haben Höhen- und Bodenwind gleiche Richtung, hält sich das sonnige Wetter.

● **Bewegte Luft**

Wind ist genau genommen bewegte Luft. Sie entsteht durch Aufsteigen und Absinken von Luftmassen, wodurch Luftdruck- und Temperaturunterschiede ausgeglichen werden.

Wetterelemente

● Lokale Winde

In Küstennähe und in Bergregionen entstehen Winde, die sich vorwiegend im Sommer bilden. Das Land wird am Tag stärker erwärmt als das Seewasser. Die warme Luft steigt dann nach oben, die kältere Seeluft fließt nach. Es bläst der Seewind (ablandiger Wind). In der Nacht kühlt die Luft über dem Land stärker ab als über dem Wasser. So steigt die warme Luft über dem Wasser auf und die kältere Landluft fließt in Richtung See nach. Es bläst der Landwind (auflandiger Wind) aufs Meer hinaus. Der See- und Landwind weht bis 50 km auf das Meer hinaus oder in das Land hinein.

Im Gebirge werden die Hänge schneller erwärmt als der Talgrund, so weht der Talwind an den Hängen hinauf. Nach Sonnenuntergang ist der Talgrund wärmer und der Wind bläst als Bergwind talwärts.

Das Aufsteigen der erwärmten Luft, die so genannte Thermik, wird von den Vögeln mit großen Schwingen, z. B. Adlern, Störchen und Pelikanen, ausgenutzt. Aber auch Drachenflieger, Ballonfahrer und Segelflieger wissen diese an Gebirgen und Steilküsten spiralförmig aufsteigende Luft zu nutzen. Weiter draußen auf dem Meer gibt es keinen Aufwind. Daher gleiten Albatrosse und Sturmtaucher mit dem Wind abwärts und gegen den Wind aufwärts.

● Wettervorhersage nach lokalen Winden

Die Windrichtung des See- und Landwindes sowie des Berg- und Talwindes kann einen Wetterumschwung anzeigen:

○ Wenn Seewind am Tag und Landwind in der Nacht weht, bleibt das Wetter schön.
○ Weht Seewind nachts und Landwind tagsüber, gibt es einen Wetterumschwung.
○ Genauso ist es im Gebirge. Weht der Bergwind am Vormittag ins Tal hinunter, folgt ein Wetterumschwung.

Drachen niemals unter Hochspannungsleitungen und bei Gewitter fliegen lassen!

Wir erzeugen Wind

Material: Bindfaden, Daunenfeder, Papier, Schere, Klebestreifen
Alter: ab 4 Jahren

Die Luft strebt wie alle anderen Stoffe bei unterschiedlichen Temperaturen immer einen Temperaturausgleich an. Dabei bewegt sich warme Luft nach oben und kalte Luft sinkt nach unten. Diese Luftbewegung nennen wir auch Wind.

Luft bewegt Feder

In einem warmen Zimmer ein Fenster öffnen. Nun fließt oben die warme Luft nach draußen und kalte Luft unten ins Zimmer. Die Luft bewegt sich, es entsteht Wind. Um diesen Wind sichtbar zu machen, wird eine Daunenfeder an einen dünnen Faden gebunden und über eine Gardinenstange gehängt. Zunächst die Feder kurz über dem Fensterbrett frei hängen lassen. Später die Feder in das obere Drittel der Fensteröffnung ziehen. Die Kinder beobachten, wie die Feder sich in beiden Höhen verhält.

Luft treibt eine Spirale an

Aus Papier eine Spirale ausschneiden. An das äußere Ende der Spirale einen Bindfaden kleben. Die Spirale über eine angeschaltete Heizung hängen. Warme Luft steigt immer nach oben. Dadurch entsteht Aufwind, der die Spirale dreht.

Die Windrichtung

Anhand von Rauchfahnen, Windfahnen und gebogenen Gräsern kann die derzeitige Richtung des Windes beobachtet werden. Man kann auch etwas Staub in die Luft werfen. Um die Herkunft der Windrichtung richtig zu deuten, muss die Himmelsrichtung zunächst erkannt werden. Das ist leicht, wenn die Sonne zu sehen ist, denn:

*Im Osten geht die Sonne auf,
im Süden nimmt sie ihren Lauf,
im Westen wird sie untergehen,
im Norden ist sie nie zu sehen.*

Ältere Sonnenblumen zeigen mit ihren Blüten meist in Richtung Osten.

In Deutschland ist die Hauptwetterseite Westen. Sie ist auch daran zu erkennen, dass frei stehende Bäume oder Stützpfeiler im Westen mehr Moos tragen und rauer sind als auf der windabgekehrten Seite. Die Äste beugen sich nach Osten. In dieser Richtung wachsen bei frei stehenden Bäumen auch mehr Äste. Außerdem liegen die Eingänge vieler Spechthöhlen und geschlossener Vogelnester in Richtung Osten. Vom Menschen aufgehängte Nistkästen sollten mit dem Einflugloch nach Osten zeigen.

Die Haupt-Luftmassen haben entsprechend ihrer Herkunft bestimmte Eigenschaften:
- Die Luft, die vom Meer kommt (maritime Luft), ist feucht.
- Die Luft, die über Land weht (kontinentale Luft), ist trocken.
- Die Luft, die aus dem Norden (N, NO, NW) kommt, ist kalt, da sie polaren Ursprungs ist.
- Die Luft aus dem Süden (S, SW, SO) ist warm, da sie subtropischen Ursprungs ist.

Wetterzeichen

Aufgrund der Windrichtung lassen sich für Deutschland Wetterprognosen erstellen:

Windrichtung	Herkunft	Wirkung im Winter	Wirkung im Sommer
Ost, Nord, Nordost	kontinental, polar	sehr kalt, trocken	warm, trocken
West, Nordwest	maritim, polar	mäßig kalt, Schauer	kühl, Niederschlag
Südost	kontinental, subtropisch	–	heiß und sonnig
Süd, Südwest	maritim, subtropisch	mild, Niederschlag	schwülwarm, Gewitter

Einen Windsack bauen

Material: 80 cm Draht, alte Hose aus dünnem, leichtem Stoff, Schere, Nadel und Faden, Fahnenmast
Alter: ab 7 Jahren

Die Windrichtung lässt sich mit einem Windsack feststellen.

Die Kinder bauen einen Windsack. Den Draht durch den Saum eines abgeschnittenen Hosenbeines ziehen. Dadurch bleibt der Windsack an einem Ende immer offen. An dem Drahtring eine Schnur befestigen, so dass sich der Windsack frei bewegen kann. Das andere Ende des Hosenbeines zunähen. Den Windsack Marke Eigenbau an einem Fahnenmast aufziehen.
Der Windsack zeigt an, aus welcher Richtung der Wind kommt, denn er wölbt sich in die Richtung, in die der Wind weht. Das bedeutet, dass ein nach Osten flatternder Windsack Westwind anzeigt.

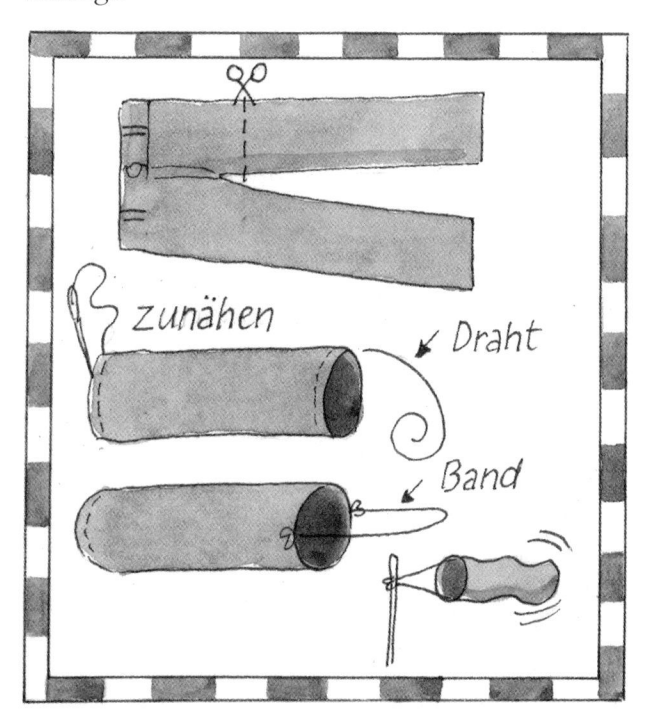

■ Bauernregel

„Mit Ostwind schönes Wetter beginnt. Der Nordwind ist ein rauer Vetter, aber er vertreibt den Regen und bringt beständiges Wetter."
Die Bauernregel mit Hilfe des Windsackes überprüfen.

Windmühle basteln

Material: festes Papier (ca. 12 × 12 cm), Schere, Bleistift mit Radiergummi, Stecknadel
Alter: ab 5 Jahren

Wind wird genutzt, um Strom zu erzeugen. In Deutschland gab es 2005 insgesamt ca. 16 000 Windkraftanlagen, die fast 5% des Stromverbrauches der Deutschen abdeckten. Das ist so viel, wie 8,5 Millionen Haushalte bei 3500 kWh pro Dreipersonenhaushalt verbrauchen.

Das quadratische, feste Papier an jeder Ecke ein Viertel in Diagonalrichtung einschneiden. Die Spitzen jeweils einbiegen und alle vier mit der Stecknadel durch den Mittelpunkt des Papiers in den Radiergummi stecken. Die Flügel beweglich befestigen.

Die Windstärke

Die Stärke des Windes wird nicht nur mit einem Messgerät ermittelt. Sie kann auch im Tagesverlauf beobachtet und nach der Beaufort-Skala eingeschätzt werden. Die Stärke wird in Kilometer pro Stunde (km/h) oder Knoten (1 kn = 1 Seemeile/sm pro Stunde = 1,853 km/h) angegeben:

Wirkung des Windes	Bezeichnung	Windstärke	Windgeschwindigkeit in km/h
Rauch steigt senkrecht hoch	Windstille	0	bis 1
Rauch steigt fast senkrecht	leiser Zug	1	1-5
bewegt Blätter, Wimpel	leichte Brise	2	6-11
bewegt kleine Zweige ständig	schwache Brise	3	12-19
bewegt dünne Äste, Staub wird aufgewirbelt	mäßige Brise	4	20-28
bewegt mittlere Äste, unangenehm	frische Brise	5	29-38
bewegt dicke Äste, pfeift, Fahne knattert	starker Wind	6	39-49
schüttelt Bäume, peitscht Fahnen	steifer Wind	7	50-61
bricht Zweige, bewegt große Bäume	stürmischer Wind	8	62-74
bricht Äste, hebt Dachziegel	Sturm	9	75-88
bricht Bäume	schwerer Sturm	10	89-102
entwurzelt Bäume	orkanartiger Sturm	11	103-117
große Schäden	Orkan	12	über 117

Das Windstärkenspiel

Material: DIN A6-Karten, Filzstifte oder Temperafarben und Pinsel
Alter: ab 7 Jahren

Jedes Kind bekommt mindestens eine bestimmte Windstärke zugeteilt, so dass alle Windstärken vergeben sind. Die Kinder malen diese Windstärke in ihrer Wirkung auf eine A6-Karte und schreiben die Stärke darauf. Die Karten werden gemischt und mit dem Bild nach unten auf einen Stapel gelegt. Nun benennt die Spielleitung ein Kind. Das Kind schaut sich die oberste Karte an und stellt die abgebildete Windstärke mit Geräuschen, Mimik und Gestik dar. Das Kind, das zuerst die Windstärke errät, darf die nächste Karte ziehen.

Wind mit allen Sinnen erleben

Material: Zeichenblock, Buntstifte, ca. 5 cm langer Holzstab, 3 Aluminiumröhren (ø 1 cm dick, 20, 25, 30 cm lang), Angelsehne
Alter: ab 5 Jahren

Sehen

Wie stellt man fest, ob Wind weht, ohne dass man ihn spürt oder hört?
Wir sehen sich biegende Gräser und Bäume, herumfliegende Blätter und Samen, flatternde Wäsche und sich drehende Windräder, wandernde Wolken, Rauchfahnen und fliegende Ballons. Die Kinder zeichnen solche und ähnliche Windspuren.

Hören

Der Wind trägt Töne heran, z.B. von einem Fußballplatz oder einem weit entfernten Rockkonzert, oder er verschluckt Töne.
Aktivität 1: An einem sehr windigen Tag stellen sich je zwei Kinder im Abstand von 20 bis 30 m in Windrichtung auf. Ihre Gesichter sind einander zugewandt, aber ihre Augen sind verschlossen, um die Mundbewegung des Partners nicht zu sehen. Nun unterhalten sie sich miteinander in ganz normaler Lautstärke. Dadurch, dass der Gegenwind den Transport der Worte zum Partner behindert, kann es bei dem kurzen Gespräch schnell zu Missverständnissen kommen.
Aktivität 2: Wind kann auch Musik erzeugen, z.B. in einer Windharfe oder einem Windspiel. Für ein Windspiel drei Aluminiumröhren mit Angelsehne in einem Abstand von 1 cm voneinander an einem Holzstab befestigen. Den Holzstab draußen an einem Ast freischwingend aufhängen.

Riechen

Der Wind trägt Düfte heran. So riechen wir, ob ein Kamin angeheizt oder ob gegrillt wird. Jäger müssen sich immer gegen den Wind an Wild heranpirschen, da sie sonst von den Waldtieren gerochen werden und die Tiere weglaufen.
Aktivität: An einem windigen Tag stellt jedes Kind einmal im Wind und einmal gegen den Wind den Geruch einer Blume fest.

Fühlen

Leichten Wind spüren wir als ein Streicheln unserer Haut. Stärkerer Wind bringt alles in Unruhe, die wir auch in uns spüren. Er kann den Regen ins Gesicht peitschen oder Sandkörner in die Augen wehen. Starker Wind hat viel Kraft. Er kann Windräder und Windmühlen antreiben, Segelboote und Fallschirme vor sich her schieben, Strömungen und Wellen erzeugen, uns bei Sturm das Atmen erschweren, leichte Samen schweben lassen und große Autos heben. Wind kann einen frieren lassen oder angenehm kühlen, je nach Außentemperatur.
Aktivität 1: Die Kinder denken sich eine Geschichte aus, was sie gern machen würden, wenn sie einen Tag lang Wind wären.
Aktivität 2: Die Kinder spielen die Bewegungen eines Baumes im Wind nach. Jedes Kind ist ein Baum, die Spielleitung sagt die Windstärke an. Bei leichtem Wind wackeln nur die Blätter (Finger zappeln), stärkerer Wind verursacht Schwanken des ganzen Baumes (Kindes) und ein Orkan kann den Baum entwurzeln (das Kind fällt zu Boden). Dabei können die Kinder auch die entsprechenden Geräusche erzeugen.

Sturm

In den Tropen entstehen über dem Meer bei Wassertemperaturen von mehr als 26 °C tropische Wirbelstürme mit einer Ausdehnung von bis zu 2000 km, die schlimme Verwüstungen anrichten. Durchschnittlich sind 80 Wirbelstürme weltweit pro Jahr festzustellen, davon im Atlantik 23 Hurrikane, im Pazifik 35 Taifune, in Australien 14 Willy Willy und in Indien acht Zyklone. Auch über Land können in einem Gewitter Wirbelstürme entstehen. Im September ist auf der Nordhalbkugel Hochsaison für Wirbelstürme. Tornados (spanisch, Gewitter) hinterlassen auf dem Land in Nord- und Mittelamerika 300 m breite und 25 km lange Verwüstungsschneisen, da sie sogar LKWs hochheben und Häuser zerstören können.

Solche extremen Stürme müssen wir in Mitteleuropa nicht fürchten. Aber es können Minitornados auftreten, die Trombe (französisch, Trompete) oder Windhose genannt werden. Diese können Bäume entwurzeln und Dachziegel herunterschlagen. Luftverwirbelungen erzeugen Unterdruck, der wie ein Staubsauger wirkt und Dachziegel hochhebt. Äste und Bäume werden durch die Kraft des Windes zum Schwanken gebracht. Ist der Ausschlag des Baumschaukelns zu groß, werden Bäume mit flachen Wurzeltellern (z. B. Fichte) aus der Erde gerissen, Bäume mit Pfahlwurzeln (z. B. Kiefer) brechen ab. Jährlich werden mit steigender Tendenz 40–50 Windhosen beobachtet. Insgesamt wurde eine Zunahme der Windhäufigkeit und der mittleren Windgeschwindigkeit im Zusammenhang mit sich ändernden Klimaparametern festgestellt.

Vögel umfliegen meist Sturmgebiete oder fliegen vor deren Eintreffen weg. Doch woher bemerken Vögel einen heranziehenden Sturm? Sturm erzeugt Infraschallwellen (8–13 Hz), also Luftverwirbelungen, die sich mit Schallgeschwindigkeit von 1200 km/h ausbreiten und so viel schneller als der Sturm bei uns eintreffen. Wir Menschen merken diese Infraschallwellen nicht, aber Vögel und auch Meerestiere haben dafür Sinnesorgane. Fische und Quallen suchen vor Sturm tiefere Meeresgebiete auf.

Wenn im Winter innerhalb von wenigen Stunden die Lufttemperatur stark fällt (um 20–30 °C) und der Luftdruck dagegen nur langsam sinkt, kann ein Schneesturm folgen. Trockene kalte Luftmassen und feuchtwarme treffen dann aufeinander, sind gleich stark und kommen nicht vom Fleck. In Nordamerika gibt es diese Blizzards jährlich, in Deutschland sind sie seltener (z. B. Winter 1978/79).

Verhalten bei Sturm

Material: 1 kleine Decke, kleine Spielzeugfiguren und -bäume (z. B. Lego), Holzbausteine, Pappschnipsel, kleine Zweigstückchen
Alter: ab 5 Jahren

Stürme sind nicht ungefährlich. Daher müssen auch schon Kinder wissen, wie sie sich verhalten sollen, wenn es stürmisch wird.

Zur Veranschaulichung bauen die Kinder aus den Holzbausteinen Häuschen auf einen Tisch. Sie stellen die Figuren entweder ungeschützt auf oder in ein Holzhäuschen. Die Pappschnipsel (als Dachziegel) und Zweigstücke (als Äste) auf den Hausdächern verteilen. Mit der Decke macht die Spielleitung oder ein Kind Wind. Die Kinder beobachten, was passiert und versuchen, Verhaltensregeln bei Sturm abzuleiten. Die folgenden Regeln werden mit den Kindern besprochen.

Regeln

❍ Nicht befestigte Gegenstände (Mülltonne, Fahrrad, Gartengeräte, Spielzeug) in Gebäude bringen, am Zaun oder an Pfählen festmachen oder in den Windschatten stellen.
❍ Den Wald verlassen bzw. ihn nicht betreten. Menschen sollten die Nähe von hohen und morschen Bäumen meiden.

Wetterelemente

○ In feste Gebäude gehen, um sich vor herunterfallenden Ästen und Dachziegeln zu schützen. Fenster und Türen schließen.
○ Kein offenes Feuer machen (Lagerfeuer, Grillen).

Tiere und Pflanzen als Propheten für Wind

Fische beißen bei Ostwind selten, aber bei Westwind sehr gut.
Pferde stehen auf der Koppel gegen den Wind, denn so kann der Wind nicht unter ihre Deckhaare wehen.
Der Storch steht im Nest immer mit dem Schnabel in Windrichtung, da so das Gefieder am wenigsten zerzaust wird. Dieses Verhalten ist übrigens bei starkem Wind auch bei anderen Vögeln zu beobachten. So stehen auch Möwen mit dem Kopf gegen den Wind am Strand.

Bäume werden in die Richtung gebogen, die entgegengesetzt der Hauptwindrichtung liegt.

Mythologie und Geschichten über den Wind

In vielen Religionen gab es für jede Windrichtung einen Gott, Riesen oder andere übernatürliche Kräfte, deren Charakter sich in den Eigenschaften des Windes spiegelten. Der griechische Hauptgott des Windes hieß Äobus, aber für jede der acht Windrichtungen gab es einen bestimmten Gott, die alle im Turm der Winde in Athen geehrt wurden.
Wind soll der Atem der Götter sein. So hauchte Gott nach christlichem Glauben Leben in Adam ein, wodurch er seine Seele bekam. Die für Menschen wichtigen Winde, z. B. in der Seefahrt oder im Ackerbau, sollten mit Gebeten und Geschenken in eine gewünschte Richtung gelenkt werden.
In der germanischen Mythologie gibt es verschiedene Verantwortliche für den Wind. In vielen Überlieferungen ist von Sturmriesen die Rede, dem die Windbraut oder ein elbisches Weib voranfegt. Der Sturmriese wurde regional unterschiedlich benannt. So hieß er mitunter Hrungnir oder in nordischen Hochgebirgen auch Thjazi. Aber oftmals war auch davon die Rede, dass der Sturmriese mitunter tierische Gestalt annahm. So soll Thjazi in Gestalt eines Adlers das Kochfeuer von Göttern verweht haben. Überhaupt war das Verhältnis zwischen dem Sturmriesen und dem Sturmgott Odin sehr gespannt. Die Menschen glaubten damals, dass sie den Sturmriesen mit Opfergaben besänftigen könnten. Zur Erntezeit wurden dem Wind auch Lebensmittel geopfert, damit er nicht die gesamte Ernte vernichtete.

Der Flügelschlag des Adlers

Vor über 2000 Jahren trug sich bei einem kleinen germanischen Stamm etwas zu, wovon noch viele Generationen erzählten. In einem Dorf lebten die Menschen in Frieden und machten ihre Arbeit. Selten gab es Streitereien zwischen den Dorfmitgliedern, die jedoch schnell behoben wurden. Nur ein junger Mann namens Guron sorgte mitunter für Aufregung. Er stellte häufig die Erfahrungen der Alten in Frage, insbesondere hielt er den Glauben an die Götter und Riesen für überholt. Er machte sich über den Vater und Großvater lustig, die von der Macht der Sturmriesen berichteten. Guron hatte bisher ja auch noch keine Riesen und Götter gesehen oder deren Taten wirklich wahrgenommen. Doch das sollte sich bald ändern.

Der Herbst zeigte den Menschen an, dass sie sich nun schnell auf die dunkle, kalte Jahreszeit einstellen mussten. Guron wollte die Fleisch- und Fellvorräte für seine Familie und für das Dorf aufbessern und ging mit seinem Freund Arkris auf die Jagd. Die beiden jungen Männer waren zwei Tage unterwegs. Sie verfolgten ein Rudel Rothirsche. Doch leider kamen sie nie so dicht heran, um den Speer erfolgreich ins Ziel zu werfen. Da sie selbst auch etwas zu essen benötigten, versuchten sie mit kleinen Fallen kleinere Tiere, wie Hasen zu fangen. Sie legten dazu einige Schlingen am Rand einer Waldwiese aus und verteilten Wurzeln und Kräuter als Köder. Dann legten sie sich hinter eine Böschung und warteten. Sie warteten viele Stunden.

Plötzlich hörten sie ein starkes Rascheln vom rechten Wiesenrand her. Sie hielten den Atem an. Ihre Muskeln waren wie eine Sprungfeder angespannt. Die Zeit schien still zu stehen. Nach einer scheinbar endlosen Weile zog sich die Schlinge zu. Die Falle hatte funktioniert. Schnell rannten die jungen Männer zur Falle. Ein Hase hatte sich verfangen und zappelte, um wieder frei zu kommen. Mit einer schnellen Bewegung tötete Arkris das Tier, damit es sich nicht länger quälen sollte. Gurons Magen knurrte. In seinem Gesicht machte sich ein freudiges Lächeln breit, da er sich schon einen herrlichen Hasenbraten vorstellte.

Guron suchte einen Platz, an dem er ein Feuer machen konnte. Arkris zog inzwischen dem Hasen das Fell ab und nahm das Tier aus. Schon bald war der Hase für das Braten am Lagerfeuer vorbereitet. Guron war auch so weit. Er hatte ausreichend Holz gesammelt und bereits ein kleines Feuer entzündet. Die Augen der beiden Jäger leuchteten vor Vorfreude auf das gute Mahl. Ihnen lief das Wasser im Mund zusammen. Doch leider wurde das Fleisch nicht gar. Es kam nämlich ein kräftiger Wind auf, der die Hitze des Feuers wegtrug. Guron fluchte über den Wind, der doch vorhin noch gar nicht da war. Arkris sah sich um und erblickte unweit auf einer alten Eiche einen großen Adler, der ständig mit seinen Flügeln schlug, ohne wegzufliegen. „Erinnerst du dich an die Worte der Alten im Dorf?", fragte Arkris. Ohne eine Antwort von Guron abzuwarten, flüsterte er weiter, wobei sein Blick ständig auf den Adler gerichtet war. „Die Alten sagen, dass der Sturmriese Thjazi die Gestalt eines Adlers annehmen kann. Man kann Thjazi nur besänftigen, wenn man ihm ein Stück Fleisch gibt." Guron fand das lächerlich. „Wir haben schon einen ganzen Tag nichts gegessen und nun willst du irgendeinem Adler unseren Hasen verfüttern. Der kann sich doch selbst etwas fangen. Stell dich lieber vor den Wind, damit die Wärme nicht weggetragen wird, anstatt so einen Blödsinn von den vergesslichen Dorfalten nachzuquatschen."

Arkris ging zögernd zum Feuer und griff nach seinem Messer. Er schnitt ein großes Stück vom Hasen ab und ging damit zum Adler. Guron schimpfte wie ein Rohrspatz: „Du musst doch nicht jeden Blödsinn glauben, den die Alten daherquatschen. Das ist aber von deinem Anteil, was du dem Adler schenkst."

Ehrfurchtsvoll legte Arkris das Fleisch ab und ging zurück zum Feuer. Der Adler beäugte mit seinem scharfen Blick den jungen Jäger. Plötzlich erhob er sich, griff das Fleisch und flog von dannen. In dem Moment nahm der Wind ab und die Hitze des Feuers grillte das Fleisch gar.

Guron sagte gar nichts mehr. Er stand wie versteinert da und blickte dem Adler nach. Wie sollte er das jetzt verstehen? Gab es etwa doch den Sturmriesen Thjazi. Guron aß nachdenklich sein Fleisch, ohne auch nur ein Wort zu verlieren. ‚Hatten die Alten etwa doch Recht?', dachte der junge Mann. Für Arkris war die Sache jetzt klar. Sie müssen dem Sturmriesen Thjazi begegnet sein. Er vertraute den alten Leuten und erzählte später jedem im Dorf von der Begegnung mit dem Adler.

Niederschlag

● Einführung

Niederschlag gibt es in Form von Regen, Schnee, Graupel und Hagel. Zunächst verdunstet Wasser zu Wasserdampf, der sich in der Luft ausbreitet und mit warmer Luft nach oben steigt. Dabei kühlt sich die Luft ab. Kalte Luft kann nicht so viel Wasserdampf aufnehmen, weshalb sich das gasförmige Wasser wieder in kleine Wassertröpfchen umwandelt. Niederschlag bildet sich in unterkühlten Wasserdampfwolken erst bei –40 °C, wenn vorher keine so genannten Gefrierkeime vorhanden sind. Solche Keime sind meist Meersalzkerne oder Schwefelverbindungen, aber auch Staubteilchen oder Pollen. In den Wolken bilden sich an diesen Keimen nun Eiskristalle oder Regentropfen. Werden diese zu schwer, fallen sie herunter. Zwischen der Verdunstung des Wassers von der Erde und dem Ausfall des Wassers als Niederschlag liegen etwa acht Tage. Aber auch Nebel, Tau und Reif zählen meteorologisch gesehen als Niederschlag.

Regen hinterlässt herrliche Pfützen zum Ausspringen oder dient einfach als Spiegel.

Niederschlag messen

Material: 1-Liter-Plastikflasche, Schüssel, Sand, Messer, Messbecher
Alter: ab 6 Jahren

Die meteorologischen Niederschlagsmesser mit 200 cm² Auffangfläche werden in 1 m Höhe über der Erde frei von Bäumen und Gebäuden aufgestellt und morgens um 7 Uhr abgelesen. Schnee und Hagel wird vor dem Messen aufgetaut. Die Niederschlagsmenge wird in geeichten Messzylindern abgemessen, dabei entspricht 1 mm genau 1 l/m².

Die Plastikflasche in der Mitte horizontal durchschneiden. Den Flaschenhals ohne Deckel verkehrt herum als Trichter in die untere Hälfte stecken. Diesen Regenmesser in die Schüssel mit Sand stecken, damit er nicht umfällt. Die Schüssel mit dem Regenmesser an einer ungeschützten Stelle aufstellen. Morgens den Regenmesser in einen Maßbecher entleeren, um die tägliche Niederschlagsmenge abzumessen. Die Werte notieren.

Regen

Meist schimpfen wir, wenn es regnet: Sauwetter, Mistwetter. Dabei wissen doch alle, dass es kein schlechtes Wetter, nur falsche Kleidung gibt. Ohne Regen wäre die Erde ein Wüstenplanet. Regen wird je nach Entstehungsprozess unterschieden. 80 % ist „kalter Regen", dabei handelt es sich um Regentropfen, die vorher gefroren waren und beim Fallen aufgetaut sind. 20 % allen Regens war nie gefroren und wird daher „warmer Regen" genannt. Etwa eine Million Wolkentröpfchen bilden einen Regentropfen. Regentropfen sind eigentlich rund, mit zunehmender Größe werden sie jedoch durch die Luftreibung an der Unterseite eingedellt.

In der Regel sind Regentropfen 2 mm groß. Bis zu einer Tropfengröße von 0,7 mm heißt er Sprühregen und kann schon verdunsten, bevor er den Erdboden erreicht hat. Sehr große Tropfen erreichen 5–8 mm Größe. Von einem Dauerregen ist erst die Rede, wenn es mindestens sechs Stunden lang regnet und dabei mindestens 0,5 mm Regen in der Stunde fallen. Ein Starkregen ist zu vermelden, wenn innerhalb einer Stunde mindestens 17 Liter pro Quadratmeter Regen oder mindestens fünf Liter in fünf Minuten fallen. Nach dem Regen empfinden wir die Luft als angenehm frisch, denn Staub und Pollen werden aus der Luft gewaschen.

Die Menge des Niederschlages und die Temperatur entscheiden darüber, welche Pflanzen wachsen und somit auch, welche Tiere in dem Gebiet leben können. Bei einem Niederschlag von weniger als 200 mm/cm^2 im Jahr entsteht eine Wüste. In Deutschland unterscheiden sich die langjährig ermittelten durchschnittlichen Niederschlagsmengen eines Jahres zwischen den Bundesländern erheblich. Am wenigsten fallen in Sachsen-Anhalt (555 mm/cm^2) und im Land Brandenburg (563 mm/cm^2), am meisten in Südbayern (1171 mm/cm^2). Durchschnittlich fallen in den Sommermonaten die meisten Niederschläge (Sachsen-Anhalt etwa 60 mm/cm^2, Südbayern >140 mm pro Monat) und im Februar/März die wenigsten (in Sachsen-Anhalt je ca. 30, in Südbayern je ca. 60 mm pro Monat). In der Regel gibt es an den Küsten und in Westeuropa mehr Niederschläge, da diese Gebiete stärker vom Meer beeinflusst werden. In den Bergen gibt es mehr Niederschläge, da sich die Wolken beim Aufsteigen abregnen.

① Plastikflasche in der Mitte durchschneiden

② Flaschenhals verkehrt herum als Trichter in die untere Hälfte stecken

③ Regenmesser in eine Schüssel mit Sand stecken

Bäume halten Regen zurück

Material: drei 1-Liter-Plastikflaschen, kleiner Spaten, Messer, Messbecher
Alter: ab 6 Jahren

Regen erreicht den Erdboden nicht vollständig. Der Niederschlag wird z. B. von Baumkronen zurückgehalten. So gelangt in Buchenwäldern 20 % weniger Niederschlag bis zum Boden, in Fichtenwäldern sogar bis 40 %.

Niederschlagsmesser nach Anleitung (→ S. 81) herstellen. Je einen Niederschlagsmesser auf einer Wiese, unter einem Laubbaum und unter einer Fichte eingraben. Die Regenmenge der jeweiligen Gebiete nach einer Woche miteinander vergleichen.

Tropfengröße und Regenstärke ermitteln

Material: weißes Papier, Pappunterlagen, Bleistifte, Schirme, Haushaltstücher
Alter: ab 4 Jahren

Ein weißes Papier auf einer Pappunterlage fünf Sekunden lang in den Regen legen, dann mit einem Schirm abdecken. Die Regentropfen auf dem Blatt mit einem Bleistift vorsichtig umkreisen, abtupfen und das Datum dazuschreiben. Solche Regenbilder können bei verschiedenen Regenarten (Gewitter, Nieselregen) entstehen.
Ist eine kleine Auswahl verschiedener Regenbilder angefertigt worden, diese miteinander vergleichen. Die Regenstärke lässt sich aus der Anzahl und Größe der Regentropfen auf den Tropfenbildern ableiten.

■ Regen mit allen Sinnen erleben

Alter: ab 5 Jahren

Sehen

Regentropfen werden meist anders gemalt, als sie wirklich aussehen. Die Kinder schauen sich die Tropfen genau an, denn im Flug sind diese fast kugelförmig. Auf Gegenständen liegend bilden sie eine nach oben gewölbte Halbkugel. Regentropfen entwickeln beim Herunterrutschen an Fensterscheiben unterschiedliche Geschwindigkeiten.
Aktivität: Die Kinder verfolgen den Verlauf der Rutschpartie des Regentropfens und zeichnen ihn mit Folienstiften auf der Fensterscheibe nach.

Vor einem Regenguss kann man besonders gut in die Ferne schauen, denn alles erscheint näher. Die Sichtweite kann über 50 km erreichen. Steine und auch Arbeitsgeräte wie Äxte beginnen vor Regen zu „schwitzen", das heißt, an ihren Oberflächen setzt sich die hohe Luftfeuchtigkeit als kleine Wassertropfen ab.

Hören

Das Geräusch von gleichmäßigem Regen wirkt auf uns beruhigend. Der Klang des Regengeräusches ist abhängig von der Größe der Tropfen, von ihrer Geschwindigkeit und von der Art des Gegenstandes, auf dem die Regentropfen auftreffen. Der Klang wechselt dabei innerhalb eines Regenschauers.
Aktivität: Um sich besser auf den Ton des fallenden Regens konzentrieren zu können, einmal Augen und Münder schließen und horchen.

Für die verschiedenen Regenintensitäten gibt es häufig auch regionalspezifische Begriffe, z.B. Wolkenbruch, es schüttet, es klatscht, es pladdert, es pieselt, es tröpfelt, es trieft, es jirscht, es prasselt. Welche Bezeichnungen gibt es noch?
Aktivität: Die Kinder befragen Familienangehörige und tragen möglichst viele Bezeichnungen für die verschiedenen Regenintensitäten zusammen.

Riechen

Ist die Luft durch drohenden oder gefallenen Regen feucht, duftet alles viel intensiver. Feuchte Luft bindet Gerüche besonders gut. Vor dem Regen stinkt es aus Gullydeckeln und Abflüssen, denn Fäulnisbakterien gedeihen bei fallendem Luftdruck gut. Schon die Bauern wussten: *„Riecht es aus dem Stall besonders stark, naht Regen."* Auch Haustiere wie Hunde riechen vor einem Regen besonders streng. Nach dem Regen duftet die Luft süßlich. Der Regen hat nämlich die in der Erde befindlichen chemischen Stoffe gelöst, die dort von Fadenstrahlenpilzen erzeugt werden.
Aktivität: Die Kinder schließen beim Riechen vor, während und nach dem Regen die Augen und riechen intensiv. Wonach riecht es? Nach dem Regen wird die Luft sauber und frisch, da fallende Tropfen sich elektrisch aufladen und Staubpartikel anziehen.

Menschen können 3000 Gerüche wahrnehmen. Die wichtigsten Grunddüfte sind: würzig, fruchtig, blumig, harzig, faulig, lederartig, säuerlich und brenzlig.
Aktivität: Nach dem Regen mit den Kindern auf einen Spaziergang entlang von verschiedenen Gebieten (Garten, Wald, Wiese, Hecke, Straße) gehen. Die Kinder beschreiben die Düfte, die sie riechen. Was verbindet sie mit den Gerüchen? Welche Erinnerung knüpfen sie daran?

Schmecken

Regentropfen können mit dem Mund aufgefangen und getrunken werden. Als Übung für den Geschmack dient *„Weiches Regenwasser schmecken, sehen und fühlen"* (→ S. 84).

Fühlen

Menschen empfinden den Regen nur dann als kalt und unangenehm, wenn das Wasser am Körper verdunstet und dabei Körperwärme entzieht. Warmen Regen auf der Haut, z.B. im Sommer, empfinden wir als angenehm. Oft sind Menschen auch schlecht gelaunt, wenn es regnet. Dann sprechen die meisten vom „schlechten Wetter". Was halten die Kinder von Regen?

„Es regnet, es regnet, die Erde wird nass.
Da freuen sich die Bäume, die Blumen, das Gras.
Der Regen macht Pfützen, ach was für ein Spaß.
Darin kannst du hüpfen, und Mama wird nass."

■ Tiere und Pflanzen als Regenanzeiger

Vor dem Regen bilden am Wasser wachsende Pflanzen, wie Espe, Erle, Blutweiderich, Traubenkirsche, Schwarzpappel und Trauerweide kleine Tropfen („Tränen") auf ihren Blättern aus. Der Ahorn bildet Wassertropfen an den Abzweigungen der Blattstiele drei bis vier Tage vor dem Regen. Diese Wassertropfen werden dadurch sichtbar, weil der von den Pflanzen abgegebene Wasserdampf auf eine wasserdampfgesättigte Luft trifft (hohe Luftfeuchtigkeit) und daher als flüssige Wasserform abgeschieden wird. Dieses Phänomen ist auch bei trübem Wetter und am frühen Morgen zu beobachten.
Wiesenklee und Robinie falten ihre Blätter vor Regen zusammen.

Wetterelemente

■ Bauernregeln

*„Scheint die Sonn' auf's nasse Blatt,
gibt's bald wieder wat."*
Kämpfen sich die Sonnenstrahlen durch die Lücken ziehender Regenschauerwolken, ist der nächste Schauer nicht weit.

*„Grünfrösche auf Wegen und Stegen,
deuten auf baldigen Regen."*
Grünfrösche sind ständige Wasserbewohner und verlassen nur bei großer Luftfeuchtigkeit ihr Element, da ihre drüsenreiche Haut sonst zu schnell austrocknen würde. Sie haben keinen braunen Ohrfleck wie die so genannten Braunfrösche. Braunfrösche verbringen nämlich abgesehen von der Paarungszeit das ganze Jahr außerhalb von Gewässern.

*„Kräht der Hahn auf dem Mist,
ändert sich das Wetter,
kräht er aber im Hühnerhaus,
hält das Wetter noch eine Weile aus."*
Aktivität: Zu diesen Bauernregeln malen die Kinder Bildergeschichten.

■ Pflanzen als Regenmengenanzeiger

Bestimmte Pflanzen weisen auf klimatische Besonderheiten hin. So bilden sich in Deutschland z. B. Steppenpflanzen in regenarmen Gebieten aus. Wo diese Pflanzen natürlicherweise wachsen, liegt der Jahresniederschlag unter 480 mm/cm². Zu diesen Steppenpflanzen gehören die Kuhschelle, das Frühlingsadonisröschen und das Federgras. Die Glockenheide dagegen wächst nur dort, wo die Jahresniederschlagsmenge mindestens 600 mm/cm² beträgt.

Weiches Regenwasser schmecken, sehen und fühlen

Material: Gläser, wasserfester Stift, 2 schwarze Teller, 1 Eierbecher, 2 große Schüsseln, Seife
Alter: ab 4 Jahren

In Regenwasser ist kein Kalk enthalten. Daher wird es als weiches Wasser bezeichnet. Weiches Wasser benötigt viel weniger Waschpulver beim Wäschewaschen und die Wäsche wird ganz ohne Weichspüler flauschiger. Daher sollte Regenwasser zum Wäschewaschen gesammelt werden. Für die Bewässerung der Pflanzen in Haus und Garten ist Regenwasser auch besser. Und es kostet nicht viel, geeignete Behälter aufzustellen, um das kostbare Nass von Hausdächern aufzufangen. Für guten Kaffee- und Teegeschmack wird auch enthärtetes Wasser empfohlen. Kalk im Wasser ist mit verantwortlich für spröde Haare, trockene Haut, Flecken an Fliesen und Armaturen sowie Verkalkung von Haushaltsgeräten.

Regenwasser schmeckt anders als Leitungswasser. Das probieren die Kinder aus. Sie fangen Regenwasser in verschiedenen Behältern auf (nur frisches Wasser verwenden!). Zwei Gläser mit Zahlen versehen. In ein Glas Wasser aus der Wasserleitung abfüllen, in ein anderes Regenwasser. Die Kinder kosten. Welches Wasser könnte Regenwasser sein? Welches Wasser schmeckt besser?
Tipp: Darauf achten, dass beide Wassersorten etwa die gleiche Temperatur haben, denn die bestimmt den Geschmack entschieden mit.

Kalktest
Auf den einen schwarzen Teller einen Eierbecher voll Regenwasser, auf den anderen einen voll Leitungswasser schütten und beide auf das

Fensterbrett in die Sonne bzw. auf die Heizung stellen. Ist das Wasser verdunstet, beide Teller vergleichen. Auf dem Teller mit dem harten Leitungswasser werden Kalkreste zu finden sein.

Seifenwasser

In eine Schüssel Regenwasser, in eine andere hartes Leitungswasser geben. Ein paar Kinder waschen sich mit Seife in jedem Wasser die Hände. Wie fühlt sich das Seifenwasser in den beiden Schüsseln an? Gibt es Unterschiede in der Seifenschaumbildung?

■ Mythologie und Geschichte

In vergangenen Jahrhunderten wurden die Regentropfen als Tränen himmlischer Wesen gedeutet. Der griechische Göttervater Zeus, der höchste aller Götter, sollte über Wolken, Regen und Blitz von seinem Berg Olymp aus entscheiden.
Der deutsche Begriff „Regen" ist mit dem lateinischen Wort *rigare* verwandt, was so viel heißt wie „netzen", etwas nass machen. Mit dem Benetzen von Gegenständen wurden oftmals die Götter verschiedener Religionen und mythologischer Glaubensrichtungen um Regen gebeten – dem kostbaren Nass für Pflanzen und Tiere. So wurden mancherorts Heiligenbildchen, Skulpturen und Kreuze mit Wasser besprenkelt und der Regen herbeigerufen. Solche Gegenstände wurden aber auch mit der Bitte um das kostbare Nass ins Wasser getaucht oder in den Bach geworfen. Mitunter wurden Regenbittgottesdienste, Hagelprozessionen, Flurumgänge und Wetterheiligenverehrung begangen, um den Gott milde zu stimmen, doch einige Liter Wasser zu schicken.

Der Regentanz

Material: handtellergroße Steine
Alter: ab 7 Jahren

Regentänze zum Anlocken des erwünschten Niederschlages nach langer Dürre kannten früher viele Menschen auf allen Kontinenten. Schließlich bedeuteten geringe Ernteerträge Hunger für die ganze Familie. In der Erntezeit von Heu und Getreide baten die Bauern hingegen, dass es nicht regnen möge.

Die Gruppe stellt sich im Kreis auf. Jedes Kind erhält zwei Steine, um den Takt des Regens zu schlagen und ihn so herbeizulocken. Die Spielleitung gibt den Takt vor.
- Der Regen beginnt mit vereinzelten großen Tropfen. Die Kinder schlagen die Steine einzeln aneinander und stampfen mit den Füßen im Kreis auf.
- Der Regen wird stärker, d. h. die Taktfrequenz des Aneinanderschlagens der Steine wird erhöht und die Stampfschritte werden häufiger.
- Ist der „Regen" am stärksten, drehen sich die Kinder um die eigene Achse und rufen laut „Regen, komme".
- Allmählich nehmen Schlagfrequenz und Fußstampfen wieder ab. Jetzt können die Kinder weitere Ideen zur Fortführung des Tanzes einbringen wie Seitwärtsschritte, andere Instrumente etc.

Klassentreffen der Regentropfen

Aus einem Gebirge ragte ein riesiger Berg in Richtung Himmel. Der Himmel war blau und die gerade aufgegangene Sonne beschien den Berg. Die Bäume und andere Pflanzen färbten den größten Teil des Berges in den verschiedensten Grüntönen. Doch hoch oben, am Gipfel, hatte der Berg die braungraue Farbe der Gesteine. In der Sonne leuchteten die Farben angenehm warm. Dieser Anblick lockte so manche Menschen, in den Bergen zu wandern. Auch Jonas konnte diesem Lockruf nicht widerstehen. Er wollte zum Gipfel des Berges hinaufgehen und von dort in die Welt schauen. Gesagt, getan. Jonas wanderte also frohen Schrittes den gekennzeichneten Pfad in Richtung Gipfel. Er war über die Vielzahl der verschiedenen Pflanzen und Tierarten überrascht. Sehr bald merkte er, dass, je höher er kam, andere Pflanzen häufiger wurden. Auch die Vogelwelt veränderte sich. Als er schon sehr weit gewandert war, hatte er das Gefühl, dass die Vögel weniger wurden. Zumindest hörte er weniger von ihnen. Jonas suchte am Himmel nach Vögeln. Doch was er erblickte, stimmte ihn gar nicht froh. Der blaue Himmel wurde von schnell aufziehenden dunklen Regenwolken verhängt. „So ein Mist", fluchte Jonas leise vor sich hin, „gerade heute habe ich keine Regensachen dabei." Er hätte eigentlich wissen müssen, dass sich das Wetter in den Bergen sehr schnell ändern kann. Der junge Mann lief nun schneller, denn er wollte so rasch wie möglich eine weiter oben liegende Berghütte erreichen. So langsam gingen ihm die Kräfte aus. An eine Pause war jedoch nicht zu denken, denn der Wind nahm schon stark zu und die ersten Tropfen fielen bereits zu Boden. Sein Herz schlug heftig und er rang nach Luft. ‚Nur nicht langsamer werden', dachte Jonas. Allerdings ging es seinen Beinen anders. Seine Kräfte ließen ihn im Stich. Er suchte sich einen dichten Baum und hockte sich darunter, um nicht ganz nass zu werden. Plötzlich hörte er leise Stimmen. Er blickte sich um, sah aber niemanden. Die Stimmen kamen von dem Zweig, der direkt an seinem Ohr hing. Aber an dem Zweig war nichts zu sehen, außer ein paar Regentropfen.

Er hörte aber ganz deutlich die leisen Stimmen:

„Hey hallo! Schön, dass ihr es hier auf diesen Zweig geschafft habt. Da können wir uns wenigstens von unseren letzten Erlebnissen erzählen. Tröpfchen, wie lang ist es her, dass wir mal nebeneinander gehangen haben? Zehntausend Jahre?"

„Ja das kann so ungefähr stimmen. Tropfen, was habe ich in der Zeit alles erlebt! Ich kann mich gar nicht mehr an alles erinnern. Na ja, es war eigentlich ein ganzes Meer an Ereignissen. Nachdem ich zur Erde gefallen war, sickerte ich so langsam in den Boden. Pflanzen haben mich nicht aufgesogen. Dafür bin ich einmal durch den Darm eines Regenwurms geflossen. Das ging relativ schnell. Als ich dann im Grundwasser ankam, blieb ich dort einige tausend Jahre. Doch irgendwann wurde ich wieder ans Tageslicht gepumpt. Allerdings wurde es dann bald wieder dunkel. Ein Mensch trank mich mit vielen anderen Tropfen. Im Menschen bin ich dann eine Weile geblieben. Ich hielt mich in kleinen und großen Röhrensystemen auf, in denen viele rote Gebilde herumschwammen. Die sahen wie platt gedrückte Tropfen aus, nur viel kleiner. Meine Ruhe hatte ich aber dort nicht gerade. Ständig bedrängten mich irgendwelche Salz- und Zuckerteilchen. Doch auch diese Reise war einmal zu Ende. Mit vielen anderen Tropfen und Stoffen musste ich mich in einer Blase drängen, bevor ich mich nach irrer Fahrt an einem

Baumstamm wiederfand. Dort leckte mich die Sonne auf. Das war ein Glück für mich, denn so wurde ich die lästigen Salzteilchen los."
„Oh, die Nachbarschaft von fremden Teilchen hatte ich auch kürzlich. Ein kleiner Mensch hat mich mit ein paar roten Teilchen auf ein Blatt Papier gestrichen. Ich wurde aber von der Luft rasch aufgenommen und hatte einen kurzen Aufenthalt in einer Wolke von Tropfen. Die rote Farbe hängt wahrscheinlich immer noch am Papier. Aber am schönsten ist es doch, wenn unser eins selbst nicht mehr so farblos erscheint. Wenn die Sonne uns mal so richtig erwischt, leuchten wir ja in allen Farben. Einige Milliarden von uns können dann schon mal einen farbigen Bogen am Himmel malen. Aber ich finde, so richtig vollkommen sehen wir erst in unserer weißen, filigranen Tracht aus. Es geht doch nichts über ein sanftes zur Erde Gleiten als wunderschöne Schneeflocke. Allerdings hatte ich vor einigen tausend Jahren etwas Pech. Ich landete nämlich als Schneeflocke in der Arktis. Da blieb ich erst mal einige Jahrzehnte liegen, bis mich ein Polarfuchs gelb färbte. Bald danach leckte mich die Sonne wieder auf."
„Ach Tröpfchen", hörte Jonas eine dritte feine Stimme, „ich finde, es gibt nichts Schöneres als mit vielen Tröpfchen hoch und runter zu fließen. Ich erinnere mich noch ganz deutlich an das Hochfließen in einem hundert Meter hohen Mammutbaum. Später bin ich auch mal wieder in einem riesigen Wasserfall heruntergestürzt. Neulich habe ich mit anderen Tropfen sogar große Hagelkörner gebildet. Bei einem herrlichen Gewitter sausten wir zur Erde und schlugen kleine Dellen in ein Hausdach. Da spürst du die Kraft, die in uns steckt."
Jonas war völlig verwirrt, als er die Gespräche belauschte. Er dachte: ‚Bevor ich hier durchdrehe, muss ich die nächste Berghütte erreichen.' Er lief trotz Regens schnell weiter und erreichte nach einer halben Stunde die Berghütte. Andere Bergwanderer saßen schon drin und hatten Mitleid mit dem klitschnassen Mann. Er bekam sofort einen heißen Tee, den Jonas dankbar annahm. Nachdem er sich am heißen Teeglas etwas gewärmt hatte, hielt er zögerlich das Glas mit dem Tee vor sein Ohr. Doch er hörte keine Stimmen. Erleichtert trank Jonas einen Schluck. Als der heiße Tee in seiner Kehle herunterlief, fragte er sich aber doch. ‚Was hat wohl dieses Wasser in den letzten hundert Millionen Jahren schon alles erlebt? Vielleicht lief es ja sogar mal durch die Kehle eines Dinosauriers?'

Schnee

Kinder lieben das Spiel- und Baumaterial Schnee über alles.

Wenn es im Winter endlich schneit, freuen sich vor allem die Kinder. Bei Temperaturen um den Gefrierpunkt und Westwind besteht eine große Chance auf Schneefall. Ist danach Wind aus Nord oder Ost, bleibt der Schnee liegen.
Jeder Schneestern braucht einen Keim (z. B. Staubkorn, Meersalzkern), um entstehen zu können. Bei hoher Luftfeuchtigkeit und Temperaturen von −10 °C bis −20 °C in den Wolken bilden sich an einem Keim aus Wassermolekülen die sechsstrahligen Sterne. Es gibt nie zwei absolut gleiche Schneekristalle. Jeder Schneekristall ist so einmalig, wie ein Fingerabdruck oder eine Augeniris. Schneit es, steigt die Lufttemperatur, da bei der Bildung der Schneeflocken Wärme frei wird.

Die größten Schneeflocken sind meist 3–4 cm breit. Sie bestehen zu 90 % aus Luft. Schneeflocken fallen mit einer Geschwindigkeit von 1 m/s herunter. Regentropfen fallen mit 5 m/s herab. Deshalb sehen wir Schneeflocken immer noch fallen, obwohl die Wolken schon weitergezogen sind. Vor allem bei Temperaturen um 0 °C bilden sich große Flocken, da sich die Schneesterne miteinander verhaken. Dieser so genannte Pappschnee ist feucht und verklebt gut. Damit können die Kinder super Schneebälle und Schneemänner formen und gleichzeitig die Lufttemperatur abschätzen. Bei geringer Luftfeuchte und tiefen Temperaturen unter −10 °C entstehen flache Plättchen und keine Prismen. So erkennen wir an lockerem Pulverschnee eine Temperatur von −10 °C. Pulverschnee ist trocken und feinkörnig, also genau richtig zum Rodeln und Skifahren, da der Schnee nicht festklebt. Hört man es beim Laufen im Schnee unter den

Schuhen „knirschen" und „knarren", ist die Lufttemperatur unter −5 °C. Neuschnee ist locker, die Oberfläche ist nicht verhärtet. Altschnee erzeugt Firn, eine harte Oberfläche. Brettharter Harsch bildet sich, wenn die Schneeoberfläche mehrmals auftaut und gefriert.

Schneesterne reflektieren einfallendes Sonnenlicht fast vollständig. Daher erscheint Schnee weiß und es wird in wolkenlosen Nächten über der Schneedecke eiskalt. Doch durch den hohen Luftanteil zwischen den Schneeteilchen wird Wärme schlecht geleitet. Daher ist es unter der Schneedecke meist nur wenige Grad unter Null.

Im Flachland wird eine Neuschneehöhe von 30 cm selten überschritten. Im Bergland ist es anders. Dort können pro Tag durchaus 100 cm Neuschnee fallen. Wenn es auf eine angetaute Altschneedecke sehr viel schneit, rutschen Schneelawinen zu Tal. Der Neuschnee kommt ab einer Hangneigung von 10 %, meist aber ab 20 % durch kleine Erschütterungen ins Rutschen. Dabei können die Schneemassen 300 km/h erreichen. Lawinen können Bäume entwurzeln, Häuser abdecken und Menschen verschütten. Sie sind daher sehr gefährlich. In Gebieten mit Lawinengefahr darf nicht mit Ski oder Schlitten gefahren werden. Das sollten auch schon die Kinder wissen. Nicht selten werden Lawinen von einzelnen Menschen auf unberührten Berghängen ausgelöst.

▪ Schnee mit allen Sinnen erleben

Material: Lupe, evtl. Glasplatte, Spiegel, Tuch, Stoppuhr, Sonnenbrillen
Alter: ab 5 Jahren

Für die Schneeerlebnisse muss man natürlich einen Tag auswählen, an dem es schneit, und einen Ort, wo Schnee liegt.

Sehen

Einzelne Schneeflocken mit der eigenen Jacke (möglichst dunkel) oder einer Glasplatte auffangen und unter einer Lupe ansehen. Ganz verschiedene Formen sind zu entdecken.

Aktivität: Die Kindergruppe bildet gemeinsam einen Schneekristall, wobei jedes Kind ein Wasserteilchen ist. Das Staubteilchen in der Mitte des Schneesterns stellt ein Erwachsener dar. Sechs Kinder halten sich jeweils am „Staubteilchen" fest und fassen mit der anderen Hand ein anderes Kind an. Das Schneekristall dreht sich langsam um sich selbst. Der Erwachsene bestimmt die Geschwindigkeit.

Ob Schnee wirklich weißer als die Wolken am Himmel ist, lässt sich feststellen.

Aktivität: Einen Spiegel zur Spiegelung der Wolken auf den Schnee legen. Nun ist zu sehen, dass der Schnee im Vergleich mit den weißen Wolken grau ist. Bei blauem Himmel spiegelt sich mitunter das Himmelsblau im Schnee.

Vorsicht: Eine Schneefläche spiegelt Sonnenlicht und kann so die Augen schädigen oder Bindehautentzündung hervorrufen. Schutz vor dieser Schneeblindheit bietet eine Sonnenbrille.

Hören

Hört man eigentlich, dass es schneit? Treffen Schneeflocken auf eine offene Wasseroberfläche (Bach, See), zischt es leicht.
Aktivität: Alle stellen sich möglichst einzeln ganz ruhig hin und lauschen.
Liegt eine Schneedecke, ist es gleich viel leiser als sonst, da Töne „verschluckt" werden. Genauso wirken Vorhänge und Möbel. In einem leeren Raum ist es dagegen viel lauter. Im leisen, schneebedeckten Wald bieten sich Anschleichspiele an. Schnee kann auch laut sein, wenn er als Lawine z.B. vom Dach eines Hauses rutscht. Anschleichen im verharschten Schnee ist sehr schwer.
Wenn Telegraphendrähte summen, können sie Kälte und Schnee ankünden.

Riechen

Wie duftet Schnee, duftet er überhaupt? Manche behaupten, sie könnten riechen, dass es bald schneien wird. Was meinen die Kinder dazu? Schnee lässt sich wirklich „erriechen", da er bei großer Luftfeuchtigkeit fällt und wir dann besser riechen können. Außerdem wird die Luft sauberer und duftet frischer, da der Schnee Staub bindet.

Schmecken

Die Kinder fangen Schneeflocken mit dem Mund und lutschen ihn. Sie bilden Paare. Jeweils ein Kind zählt, wie viele Schneeflocken sein Partner in einer Minute (die Spielleitung stoppt die Zeit) mit dem Mund fängt.

Fühlen

Neuschnee isoliert durch den hohen Luftanteil.
Aktivität: Die Kinder bauen ein Iglu (Schneehaus). Bei großer Kälte wird eine halbe Stunde lang im Iglu eine Geschichte erzählt. Den Kindern wird warm, da der Schnee die Kälte nicht hinein und die angestaute Wärme nicht hinaus lässt.

Schnee ist auch weich.
Aktivität: Die Kinder lassen sich rückwärts in frischen Schnee hineinfallen. Sie strecken Arme und Beine auf dem Boden weit aus und bewegen sie hin und her. Nach dem vorsichtigen Aufstehen ist der Engelabdruck zu bewundern. Po-Abdrücke werden zu Apfelbildern etc. Bei den verschiedensten Abdrücken können die Kinder selber Ideen spinnen.

Wenn die Kinder eine Handvoll Schnee stark zusammenpressen, entsteht Eis. Der Schnee wird nasser und härter beim Zusammenpressen. Dieses Beispiel verdeutlicht, dass aus Schnee Eis entsteht. Durch das Eigengewicht des Schnees wird dieser so zusammengepresst, dass Gletscher im Hochgebirge entstehen. Diese sind dann so hart, dass sie Gestein verformen und transportieren. So entstanden auch die eiszeitlich geformten Landschaften im Flachland.

Schneesterne basteln

Material: weißes, quadratisches Papier, Schere
Alter: ab 6 Jahren (mit Hilfe eines Erwachsenen)

Das Papier diagonal über die Mitte falten, so dass ein Dreieck entsteht. Die äußeren Ecken nach oben quer über die Mitte falten, so dass drei Teile genau auf Kante übereinander liegen. Beim Falten hilft die Spielleitung. Nun ein zweizackiges Muster aufmalen und ausschneiden, die Außenkanten müssen dabei ganz bleiben. Wird das Papier auseinandergefaltet, ist der sechsstrahlige Schneestern fertig.

Schneenamen

Material: Papier, Bleistifte
Alter: ab 8 Jahren

Frisch gefallener Schnee lässt die Welt heller und freundlicher erscheinen. Draußen ist es stiller, gedämpfter und reiner geworden. Alles wirkt gleich ganz anders. Solche Empfindungen werden oft in Gedichten und Geschichten ausgedrückt.

Die Kinder denken sich einen Vierzeiler oder ein Elfchen über Schnee aus. Nach 20 Minuten kann jeder, der möchte, sein Gedicht vortragen.
Die Inuit (früher: Eskimos) haben viele verschiedene Namen für den jeweiligen Schneezustand. Die Kinder können auch neue Namen erfinden, je nach der Beschaffenheit des Schnees.
- Die Kinder beschreiben die verschiedenen Schneeformen einem Menschen, der noch nie Schnee gesehen hat.
- Wie würden sie Schnee bezeichnen, wenn er noch keinen Namen hätte?

Die Beschreibungen und Bezeichnungen könnten sie in einer Kurzgeschichte verwenden.

ANLEITUNG ZUM BASTELN VON SCHNEESTERNEN

1. Schneide aus einem rechteckigen Papier ein Quadrat.

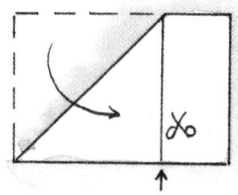

2. Falte das Quadrat zu einem Dreieck und markiere den Mittelpunkt.

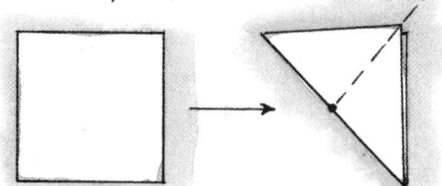

3. Falte nun zwei gleich große Dreiecke über den Mittelpunkt.

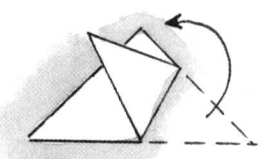

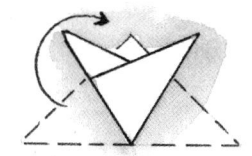

4. Zeichne ein Muster auf, an dem du das Papier ausschneidest. Die Ränder dürfen nicht zertrennt werden.

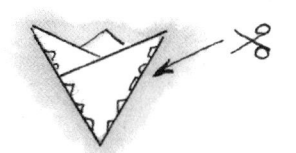

Sport im Schnee

Material: Schneeschieber, Schaufel, Seile, Ski, Schlitten
Alter: ab 4 Jahren

Pappschnee und angetauter Altschnee sind ein hervorragendes Baumaterial, egal ob für Skulpturen oder Iglus. Zwei Mannschaften bauen eine Schneeburg um die Wette.

Pulverschnee ermöglicht Schlittenwettziehen, Rodelwettbewerbe oder Skikjöring. Beim Skikjöring ohne Pferd wird der Skiläufer von einem anderen Kind gezogen. Immer zwei Paare laufen auf einer festgelegten Strecke um die Wette.

Spuren im Schnee

Alter: ab 5 Jahren

Es lohnt sich, die Spuren von Tieren im Schnee zu verfolgen. Mit kriminalistischem Spürsinn lässt sich vieles herausfinden, z. B. wo ein Tier gefressen und geschlafen hat, ob es auf der Flucht war, wie viele Tiere und welche Arten es waren. Ein geübter Fährtenleser kann auch anhand der Spurenränder oder aufgrund aufliegenden Neuschnees das Alter der Spuren feststellen. In niedrigem und festem Neuschnee lässt sich die Spur der Tiere relativ leicht erkennen. Anders sieht es bei tiefem, lockerem Schnee aus, weil die Spurenränder einfallen können und bei verharschtem Schnee, bei dem die Ränder ungleichmäßig herunterbrechen.

Ist den Teilnehmern der Wetterfühlung schon etwas kalt geworden, werden sie beim Nachahmen der Bewegung des Tieres, das die Spur hinterlassen hat, schnell wieder warm.

In den Zeiten bevor es Handys gab, haben sich Skilangläufer untereinander Kurznachrichten (SMS) im Schnee hinterlassen. Mitunter entdeckt man heutzutage auch noch solch eine Spur.

Tiere und Pflanzen als Schneeanzeiger

Erscheinen die Stämme von Birken und Erlen plötzlich heller, ist mit Schnee zu rechnen. Schnee kann sich auf Ästen von Nadelbäumen gut anhäufen. Wird die Last zu groß, bricht der Ast ab (Schneebruch). Daher bilden viele Nadelbäume in Höhen über 700 m oft eine Silhouette mit geringer Breite (Säulenform) aus.
Rehe lassen sich mitunter einschneien, um es wärmer zu haben. Sie nutzen also die wärmeisolierenden Eigenschaften des Schnees.
Mäuse überwintern in schneereichen Wintern besser, da sie ungestört von Feinden unterm Schnee Gänge anlegen und fressen können.

Mythologie und Geschichte zum Schnee

Jedes Kind hat schon durch Lieder oder Märchen davon gehört, dass Frau Holle den Schnee macht. Sie muss nur tüchtig die Betten schütteln, dann schneit es auf der Erde. Diese Geschichten greifen auf den germanischen Glauben zurück, dass Frau Holle, also die holde Frau, die häufig auch der Göttin Freya gleichgesetzt wurde, über den Schneefall bestimmt.
In der nordischen Mythologie stammt der Schnee von König Snaer. Er hat drei Töchter: Drifa, das Schneegestöber, Fönn, der dicke Watteschnee, und Mjöll, die dem liegenden Schnee vorsteht. Snaer ist der Sohn des Frostriesen Jökull.

Die Farbe des Schnees
(frei nach einem Märchen aus der Oberpfalz)

Einst wurden bei der Schöpfung der Erde alle Farben über die Pflanzen verteilt. Nun kam jedoch der Schnee zu Gott und bat auch um eine Farbe. Da bekam er den Auftrag, sich eine Blume auszusuchen, um von ihr Farbe abzubekommen. Zuerst ging der Schnee zur Königin aller Blumen, zur roten Rose. Doch diese bangte um ihre Schönheit und wollte sich nicht von einem Teil ihrer satten Farbenpracht trennen. Da fragte der Schnee das kleine, zarte Veilchen nach etwas Blau. Aber aus Furcht, dann schlechter gesehen zu werden, gab es nichts von seiner Farbe ab. Die Sonnenblume wollte weiterhin so schön strahlen und mit der Sonne verglichen werden. Daher wurde der Schnee auch nicht gelb. Er bat die Blätter, ihm doch etwas Grün zu spenden. Aber sie konnten sich von ihrem Grün nicht trennen. Schließlich fangen sie damit das Sonnenlicht und bilden Zucker, den die Pflanzen brauchen. Der Schnee war schon sehr traurig. Er wollte nicht so farblos wie der Regen sein. Doch plötzlich bot eine kleine, weißblühende Blume ihre Farbe an. Der Schnee freute sich und gab ihr gleich den Namen Schneeglöckchen. Seither ist der Schnee weiß und bedeckt zur Winterszeit alles, was grünt und blüht. Nur das Schneeglöckchen darf jetzt blühen.

Graupel und Hagel

Stößt ein Wassertropfen mit einer Schneeflocke oder einem Eisplättchen zusammen, z.B. in einer Gewitterwolke, entsteht Graupel. Wenn Graupel mehrmals durch Aufwinde in den -40 °C kalten Gewitterwolken hoch und runter wandern, wachsen sie. Eiskörner ab etwa Erbsengröße werden als Hagel bezeichnet. Dabei lagert sich Wasser zwiebelschichtartig an das Graupelkorn an. Hagelkörner können bis 15 cm groß sein. Die übliche und mögliche Größe von Hagelkörnern lässt sich für Kinder mit Rosinen und Orangen zeigen. Die schwersten Hagelkörner fielen 1986 in Bangladesch mit 1 kg Gewicht. Ein 1 cm großes Hagelkorn hat beim Aufschlagen auf die Erde eine Geschwindigkeit von 50 km/h, ein 5 cm großes schon 110 km/h. Daher hat Hagel schon ganze Ernten vernichtet und Schäden an Autos und Gebäuden hinterlassen. Aus diesem Grund wird er gefürchtet. Meist tritt Hagel in einem Gewitter auf. Jedes zehnte Gewitter bringt Hagel. Transportiert eine Gewitterwolke Hagel, kann ein gelblich grünes Leuchten in der schwarzen Wolke zu sehen sein. 90 % allen Hagels fallen zwischen Mai und August nachmittags und oft lokal begrenzt.

Hagelschauer bedecken den Boden mit einer weißen Eisschicht.

■ Hagel mit allen Sinnen erleben

Material: Lineal, Papier, Bleistift, Messer, Gefrierschrank, Lupe
Alter: ab 6 Jahren

Da ein Hagelschlag nicht lange dauert, sollte die Gelegenheit zum Nutzen aller Sinne schnell wahrgenommen werden.

Sehen

Hüpfen die Körner beim Aufschlagen auf dem Asphalt oder zerbrechen sie?
Aktivität: Die Kinder vereinzeln sich und versuchen, einzelne Körner im Flug aufzufangen. Wer fängt die meisten Hagelkörner?

Wetterelemente

Die Kinder messen den Durchmesser der größten, heruntergefallenen Hagelkörner mit einem Lineal. Aufgeschlagene oder mit einem scharfen Messer aufgeschnittene Hagelkörner betrachten sie mit der Lupe und zeichnen sie anschließend. Die Anzahl der Schichten, die gezählt werden, verrät der Anzahl der Auf-und-ab-Bewegungen des Hagelkorns innerhalb der Wolke. Die größten Körner können mit Datum, Uhrzeit und Fundort versehen im Gefrierschrank eingelagert werden. Eingefleischte Meteorologen tauschen gern untereinander ihre gesammelten Hagelkörner und sind stolz auf ihre Sammlung.

Hören

Wie klingt das Aufschlagen der Körner auf unterschiedlichem Untergrund? Für die folgende Übung sollten alle ganz leise sein.

Aktivität: Die Kinder bilden blitzschnell Paare, damit sie den Hagel nicht verpassen. Ein Kind schließt die Augen und wird von seinem Partner zu verschiedenen Plätzen geführt. Der „blinde" Partner muss erraten, worauf die Eiskörnchen auftreffen (Asphalt, Wiese, Dach). Hat der Hagelschlag nicht lange genug gedauert, führen die Kinder diese Übung mit Eiswürfeln durch.

Riechen und Schmecken

Hagelkörner riechen nicht, aber schmecken sie auch nach nichts?
Die Kinder fangen mit der Hand oder dem Mund Hagelkörner auf und lutschen sie, um den Geschmack zu überprüfen.

Fühlen

Wie fühlt sich ein Hagelschauer auf der Haut an?
Die Kinder halten die nackten Arme in den Hagelschauer und beschreiben das Erlebnis mit passenden Worten oder in Form eines Verses.

Ein großes Hagelkorn durchgeschnitten

Nebel

Aufsteigender Nebel zeigt Regen an, fallender Nebel Sonnenschein.

In der Meteorologie spricht man von Nebel, wenn die Sichtweite unter 1000 m beträgt. Der DWD gibt eine Nebelwarnung bei überörtlicher Sichtweite unter 150 m heraus. Wenn der Wasserdampf in Bodennähe den Taupunkt erreicht, also die Luftfeuchte 100 % beträgt, entsteht Nebel. Nebel ist also eine Wolke über dem Boden. Zur Entstehung der kleinen Wassertröpfchen werden wie bei den anderen Niederschlägen Kristallisationskeime in der Luft benötigt. Nebel entsteht häufig dann, wenn die Luft über einem Fluss oder See kälter ist als das Wasser, wie es oft im Herbst der Fall ist. Er entsteht auch, wenn sich warme Luft über dem Wasser befindet oder am Berg aufsteigt und sich abkühlt. Rauch zieht nicht mehr ab. Die hohe Luftfeuchtigkeit lässt uns viele Gerüche intensiver wahrnehmen. Nebel schützt auch vor Frost.

Nebel lässt sich leicht erzeugen, z. B. mit einem Zerstäuber. Die Wassertröpfchen sind aber nur kurzzeitig in der Luft sichtbar. Ebenso entsteht Nebel, wenn wir aus einem warmen Raum in sehr kalte Luft treten und dann ausatmen. Im November entstehen viele Nebel durch Hochdruckwetterlagen. Da aber die Sonnenstrahlen nicht mehr die Kraft haben, die abgekühlte Luft in Erdbodennähe so zu erwärmen, dass sie aufsteigt, löst sich der Nebel den ganzen Tag nicht auf. Abgase aus Schornsteinen und Fahrzeugen können daher nicht abziehen. Aufgrund solcher Inversionswetterlagen kann der seit den 50er Jahren des 20. Jahrhunderts bekannte Smog (Englisch *smoke* für Rauch und *fog* für Nebel) eintreten.

■ Bauernregeln

Folgende Bauernregeln zeigen, wann Nebel bestimmtes Wetter vorhersagt:

„Sind abends über Wiesen und Fluss Nebel zu schauen,
wird die Luft anhaltend schönes Wetter brauen."
„Wenn der Nebel fällt zu Erden, wird bald gutes Wetter werden. Steigt der Nebel bis aufs Dach, folgt bald großer Regen nach."

Unterm Nebeltuch

Material: große dünne Plastikfolie oder Schwungtuch, evtl. CD „Lieber Herbst und lieber Winter" von Detlef Jöcker
Alter: ab 5 Jahren

Die Folie ausbreiten. Alle fassen sie an den Kanten an und schwingen sie. Wenn die Folie ganz hoch schwingt, gehen alle Kinder unter die Folie. Und nun hören oder singen sie das Lied „Nebel, Nebel" von Detlef Jöcker und bewegen sich dabei langsam im Takt auf und ab, verstecken sich darunter (8 Takte) und kommen wieder hervor, gehen vier Schritte rechts herum im Kreis nach dem Takt, dann links herum.

■ Nebel mit allen Sinnen erleben

Material: 1 Schreibunterlage, 1 Blatt DIN A4-Papier und 1 Bleistift pro Kind, Flöte
Alter: ab 5 Jahren

Vor allem von September bis November ist in den Morgenstunden mit Nebel zu rechnen. In diesem Zusammenhang lässt sich auch zum Thema Luftfeuchte arbeiten. Da Nebel eine Bodenwolke ist, können die Kinder darin erleben, wie sich eine Wolke anfühlt (kühl, feucht ...)

Sehen

Was ist im Nebel zu sehen? Wie verändern sich Farben und Formen?
Aktivität: An einem nebligen Tag gehen die Kinder in den frühen Morgenstunden zu einer Wiese. Sie stellen sich mit dem Blick nach Osten und schauen in Richtung Sonne. Die älteren Kinder schreiben ihre Eindrücke auf, oder ein Erwachsener notiert die gesprochenen Empfindungen der jüngeren. Die Kinder stellen fest, dass größere Entfernungen schlechter zu sehen sind. Formen und Farben werden undeutlicher.

Hören

Wie sind die Geräusche zu hören und welche Geräusche dringen durch den Nebel?
Aktivität: Die Kinder vereinzeln sich im Abstand von 10 m auf der Wiese und schweigen. Alles wird bei Nebel leiser und gedämpfter.
Bei dichtem Nebel entfernen sich alle Kinder von der Spielleitung so weit, dass sie nicht mehr zu sehen sind. Die Spielleitung bläst auf einer Flöte (als Nebelhorn) und alle kommen schnell wieder zurück.
Anschließend malen oder schreiben die Kinder auf, was sie empfunden haben und vergleichen dies mit Tagen ohne Nebel.

Riechen

Wonach riecht es?
Aktivität: Die Kinder malen oder schreiben auf, was sie riechen. Es könnte nach Qualm riechen, da der Rauch nicht abziehen kann. Außerdem riecht es oft nach Tierkot, Harn oder Gras. Aufgrund der hohen Luftfeuchtigkeit können sie viele Gerüche wahrnehmen.

Schmecken

Wie schmeckt eine Wolke (Nebel)?
Aktivität: Die Kinder fangen mit geöffnetem Mund etwas Nebel ein. Er fühlt sich feucht an.

Wetterelemente

Fühlen

Wer sich eine Weile im Nebel aufhält, fühlt ihn auch.

Aktivität: Zur Verstärkung der Sinne schließen die Kinder die Augen. Auf die Haut, auf die Kopfhaare und auf die Wimpern legen sich feinste, kleine Wassertröpfchen. Dieser Wasserfilm entzieht unserem Körper Wärme – wir frösteln nach einiger Zeit. Eine Wolke ist also nicht weich wie Watte, sondern feucht und kühl.

Nebel des Grauens

Material: 1 DIN A4-Blatt und 1 Bleistift pro Kind
Alter: ab 8 Jahren

Was verbinden wir mit dem Nebel? Alles wird unheimlicher, nichts sieht mehr so aus wie sonst. Es ist alles leiser, auch die Vögel singen weniger. In unserer Phantasie erscheinen alltägliche Dinge ungewöhnlich und gruselig, vor allem, wenn es dazu dunkel ist. Krimiautoren wie Edgar Wallace, aber auch Goethe nutzten das Unheimliche des Nebels für ihre Geschichten.

Jedes Kind hat 30 Minuten Zeit, eine spannende Geschichte aufzuschreiben, z. B. was ihm im Nebel schon passiert ist (plötzlich erschien ein Reh am Straßenrand, Papa konnte gerade noch das Auto bremsen ...) oder was so passieren könnte (beim Pilze suchen waren wir zu lange unterwegs, es wurde dunkel und Nebel stieg auf ...).

Wer möchte, liest seine Geschichte vor oder erzählt sie aus dem Kopf.

Tipp: Bei Dunkelheit mit schwacher Kerzenbeleuchtung wirken solche Geschichten besonders stark.

Tau

Wenn die Temperatur am Boden niedriger ist als in höheren Luftschichten, kondensiert Wasser am Boden und an festen Gegenständen. Das Gleiche passiert, wenn wir eine Wasserflasche aus dem Kühlschrank nehmen und in den warmen Raum stellen. An der Flasche schlagen sich kleine Wassertropfen ab. Und jeder Brillenträger kennt es: Man kommt aus der Kälte ins warme Zimmer und sieht nichts mehr, weil die Brille beschlägt. An der kalten Brille schlägt sich die Feuchtigkeit der Luft nieder. In Wüsten wird Tau von Einheimischen aufgefangen, da das Trinkwasser knapp ist.

Tautropfen am Morgen künden uns sonniges Wetter an.

In den frühen Morgenstunden sind die Tautröpfchen auf den Gräsern eines Rasens noch sehr klein, erst später werden sie größer. Diese Zeit kann genutzt werden, um seinen eigenen „Heiligenschein" zu entdecken.

Aktivität: Die Kinder stellen sich mit dem Rücken zur Sonne und betrachten ihren eigenen Schatten. Rings um den Schatten des Kopfes kann sich ein Strahlenkranz (der „Heiligenschein") aufgrund der Rückstreuung des Lichtes an den Wassertröpfchen bilden.

■ Bauernregeln

Auch Tau kann das Wetter vorhersagen, wie folgende Bauernregeln darstellen.

„Häufig starker Tau, hält den Himmel blau."
Wenn keine Wolken die Wärme der Erde zurückhalten, kühlt sie in der Nacht aus und Tau legt sich ab.

„Wenn am Morgen kein Tau gelegen, folgt bis zum Abend sicherlich Regen."
Wenn nach einer klaren Nacht kein Tau oder Reif am Morgen liegt, folgt Regen.

Wetterelemente

Tau treten

Material: 1 Handtuch pro Kind, Tücher (zum Augen verbinden)
Alter: ab 5 Jahren

Früher gingen viele Menschen am 1. Mai barfuß über eine Wiese, um durch den Tau zu gehen und den Frühling willkommen zu heißen. Tautreten wird seit langem auch als gesundheitsfördernde Kur angesehen.

Die Gruppe geht nach einer klaren Nacht im September kurz nach Sonnenaufgang zu einer Wiese, die nicht regelmäßig von Hunden besucht wird und keine Brombeersträucher, Disteln und Brennnesseln aufweist. Alle ziehen sich Schuhe und Strümpfe aus und krempeln die Hosenbeine etwas hoch. Nun laufen sie durch das feuchte Gras.

Variante

Steht die Sonne etwas höher, wird folgende Übung durchgeführt: Die Kinder bilden Paare. Einem Kind die Augen verbinden. Das andere Kind führt seinen Partner langsam und vorsichtig auf den Weg achtend. Dabei gehen sie auch einmal ein Stück Weg, wo die Sonne den Tau schon weggeleckt hat (trocken, warm) und dann an einen Platz, der im Schatten noch Tau aufweist. Das „blinde" Kind gibt zu erkennen, ob die Füße auf einem sonnigen oder schattigen Platz laufen.

■ Tau mit allen Sinnen erleben

Material: 1 Lupe pro Kind, 1 Schreibunterlage, 1 DIN A4-Blatt und 1 Bleistift pro Kind
Alter: ab 5 Jahren

Mit Tau ist bei großen Temperaturunterschieden zwischen Tag und Nacht zu rechnen. Dann sollte eine Wiese z.B. im September kurz nach Sonnenaufgang besucht werden.

Sehen

Die Kinder gehen mit einer Lupe jeweils allein oder in kleinen Gruppen los und erkunden, wo die Tautropfen sitzen. Sie sind an den Spitzen, den Rändern und den Haaren von Pflanzen zu finden. Sehr filigrane Pflanzen mit vielen Haaren weisen die meisten Tautropfen auf. Je feuchter die Luft ist, desto mehr Tautropfen haben sich niedergeschlagen. Durch die Tautropfen sind die Spinnennetze gut zu entdecken. Sie sind wie eine Perlenkette an den Fäden aufgereiht. An den äußeren Spiralfäden im Radnetz hängen wesentlich mehr Tropfen, da diese Fäden klebrig sind.
Aktivität: Die Kinder zeichnen, was sie sehen.

Hören

Wenn die Übung „Tau treten" (→ linke Spalte) schweigend durchgeführt wird, können besondere Geräusche wahrgenommen werden.
Aktivität: Die Kinder machen die Geräusche mit ihrer Stimme nach.

Riechen

Wie riecht die Luft? Sie riecht frisch und Düfte sind verstärkt wahrzunehmen, da die Luftfeuchtigkeit groß ist.

Aktivität: Die Kinder beschreiben den Duft, den sie wahrnehmen. Ist ihnen der Geruch angenehm?

Schmecken

Schmecken Tautropfen gut? Früher wurde dieser Flüssigkeit heilkräftige Wirkung nachgesagt. Insbesondere der Tau vom Frauenmantel wurde in diesem Zusammenhang genannt.
Aktivität: Die Kinder trinken Tautropfen von einem sauberen Blatt ab.

Fühlen

Während des Tautretens sind Nässe und Kühle der Wassertropfen zu spüren.

Taubildung testen

Material: Spiegel, Baumwolltuch (ca. 2 × 2 m), 4 Pflöcke (30 cm lang), Strick
Alter: ab 7 Jahren

An kalten Oberflächen lässt sich die Taubildung optisch darstellen.

Einen Spiegel in der Dämmerung dicht über eine Wiese halten. Am kalten Spiegel setzt sich Wasser ab.

Tau bildet sich über Pflanzen, aber nicht über der vegetationslosen Erde, da die Pflanzen Wärme produzieren und die Wärmeabstrahlung in die Atmosphäre behindern.

Das Baumwolltuch an den vier Pflöcken über dem Erdboden aufspannen. Die Kinder beobachten, dass der Rasen unter dem Baumwolltuch nicht nass wird. Das Tuch verhindert zusätzlich die Wärmeabstrahlung, so dass die Luft an den Pflanzen nicht kälter ist als die Umgebung. Daher kondensiert der Wasserdampf nicht an den Pflanzen – es bildet sich also kein Tau.

Reif

Wenn die relative Luftfeuchte in Bodennähe 100 % beträgt und dabei die Temperatur an bestimmten Flächen (z. B. Gras, Autoscheibe, Ast) unter dem Gefrierpunkt liegt, entsteht Reif. Dabei erstarrt gasförmiges Wasser sofort zu Eis (Sublimation), ohne sich vorher als Tau abzusetzen. Zur Entstehung der kleinen Wassertröpfchen werden wie bei den anderen Niederschlägen Kristallisationskeime in der Luft benötigt. Wasserdampf der Luft erstarrt zu Eiskristallen an den Oberflächen, die am Tag nicht genug Wärme gespeichert haben. Die Größe der Eisnadeln und ihre Ausrichtung hängen auch vom Wind ab. Reif als Eisblumen auf Autoscheiben, als glitzernde Kette in Spinnweben auf der Wiese oder schmucker Abschluss eines Zaunes oder Blattes lässt sich am besten von Oktober bis Februar nach klaren Nächten entdecken.

Bäume mit dichten Reifnadeln scheinen wie gepudert.

■ Bauernregel

„Reif und Tau macht den Himmel blau."

Reif oder Tau fotografieren

Material: Fotoapparat oder Digitalkamera mit Makroobjektiv, evtl. dunkle Pappe oder Stoff
Alter: ab 7 Jahren

Reif (Tau) an Blatträndern und zarten Gräsern, der von der Morgensonne angestrahlt wird, ist manches Foto wert. Besonders schöne Objekte werden ausgewählt. Damit sie gut zur Geltung kommen, sollten sie vor einem dunklen Hintergrund stehen. Gibt es keinen natürlichen dunklen Hintergrund, kann mit dunkler Pappe oder Stoff nachgeholfen werden. Im Gegenlicht der noch nicht sehr hoch stehenden Sonne fotografiert man die besten Reif- und Taufotos.

Der Wetterverlauf am Tag vorher und nachher sollte verfolgt und ausgewertet werden. Bei welchem Wetter entstehen die bizarrsten Reifkristalle?

Ausstellung

Die Fotos mit Datum, Uhrzeit, Ort, Wetterbedingungen und Namen des Fotografen versehen und im Raum ausstellen.

■ Reif mit allen Sinnen erleben

Material: 1 Lupe, 1 Schreibunterlage, 1 DIN A4-Blatt und 1 Bleistift pro Kind, weiße Kreide, schwarzes Papier
Alter: ab 6 Jahren

Um Reif zu entdecken, sollte nach einer klaren Frostnacht die Wiese vor Sonnenaufgang aufgesucht werden, denn schon die ersten Sonnenstrahlen lassen die kleinen Eiskristalle schmelzen.

Sehen

Reif setzt sich an den Spitzen der Gräser, an Rändern, Rippen und Kanten von Blättern ab.
Aktivität: Die Kinder untersuchen mit ihren Lupen genau, wo die nadelförmigen Eiskristalle zu entdecken sind. Sie zeichnen ein bereiftes Blatt oder einen bereiften Grashalm.

Eisblumen sind an Autoscheiben oder Gartenhäusern zu entdecken. Sie bilden sich wie Schneesterne, indem sich Wasserteilchen an Staub anlagern und gefrieren. Jede „Eisblume" sieht anders aus.
Aktivität: Die Kinder zeichnen die Strukturen von Eisblumen mit weißer Kreide auf schwarzem Papier nach.

Hören

Die TeilnehmerInnen gehen schweigend und einzeln über die bereifte Wiese. Ist zu hören, ob Reif auf den Pflanzen liegt? Wie klingt es, wenn sie darüber laufen?

Riechen und Schmecken

Riecht es frisch an Tagen mit Reif?
Aktivität: Ein paar Eiskörnchen von einem sauberen Blatt lutschen.

Fühlen

Aktivität: Die Kinder bilden Paare und streicheln abwechselnd vorsichtig mit einem bereiften Grashalm über das Gesicht des Partners, der die Augen geschlossen hat.
Jedes Kind legt sich ein bereiftes Blatt auf die nackte Hand und fühlt und beobachtet, wie der Reif durch die Körperwärme schmilzt.

■ Mythologie und Geschichten zu Nebel, Tau und Reif

Die Hexe lässt Nebel erscheinen, um ihre bösen Taten zu verdecken. So jedenfalls dachten viele im Mittelalter. Im Nebel verborgen kann so manche Phantasiegestalt zum Leben erwachen. Nebel wird heute in vielen Gruselfilmen und Krimis eingesetzt, um die Spannung zu erhöhen.
Tau und Reif hingegen wurden immer gern gesehen als Hinterlassenschaft einer Elfe oder heilkräftigen Wassers.
Für Eis und Reif waren in der germanischen Mythologie so genannte Reifriesen zuständig. Die Winterriesen sind nach dem Glauben der alten Germanen mit den Windriesen verwandt. Für den Nebel wurde der Riese Nebelwade verantwortlich gemacht.

Weitere Wetterzeichen

Wolken

Haufenwolken zeigen sonniges Wetter an.

● Was sind Wolken?

Wenn die feuchte Luft aufsteigt, kondensiert sie, d.h. es bilden sich Wassertröpfchen. Das geschieht bei einer Temperatur, an der die Luftfeuchte 100 % beträgt. Dieser Bereich wird Taupunkt genannt. Die Wassertröpfchen können sich nur dort bilden, wo Staubteilchen u. Ä., so genannte Kondensationskerne, vorhanden sind. Über großen Städten und Industrieanlagen sind besonders viele Kondensationskerne.

Auf dem Weg in den Himmel nimmt die Temperatur 6–10 °C je Kilometer ab. Ist es sehr kalt, werden Eisteilchen an den Kondensationskeimen gebildet. Diese Wassertröpfchen und Eisteilchen bilden die Wolken. Alle Wolken sind entweder gleichmäßig weiß (oder grau) gefärbt. Jedoch aufgrund der unterschiedlichen Sonneneinstrahlung erscheint eine Wolke grau und weiß.

Die Bewölkung entscheidet über Höchst- und Tiefsttemperaturen des Tages und die tägliche Sonnenscheindauer. Auch die Niederschlagsneigung hängt von der Bewölkung ab.

● Wolkenformationen

Das Entstehen und das Vergehen bestimmter Wolkenformen deuten auf das Wetter des Tages hin.

1803 unterteilte der Londoner Apotheker Luke Howard die Wolken in Haarlocken (Cirrus), Schleierwolken (Cirrostratus), Schichtwolken (Stratus) und Haufenwolken (Cumulus). Inzwischen werden die Wolken in zehn verschiedene Wolkenformationen eingeteilt. An ihnen die Wetterentwicklung zu erkennen, ist selbst für den Geübten schwierig. Die Wolken sind nun einmal keine starren Gebilde, die der Mensch leicht in zehn Schubfächer stecken kann. Also nicht verzagen, wenn das Bestimmen der Wolken und des zukünftigen Wetters zunächst ein wenig schwierig erscheint.

● Hohe Wolken (in 5–13 km Höhe)

1. **Federwolken** hoch am Himmel (Cirrus)
   Sie sind fischgrätenartig oder häkchenförmig und künden Wetterverschlechterung und fallenden Luftdruck in 1–2 Tagen an. Bei spazierstockähnlichem Aussehen folgt in 4–12 Stunden ein Gewitter.

2. **Schleierwolken** (Cirrostratus)
   Fällt der Luftdruck schnell ab, folgt Regen in ungefähr 12 Stunden; fällt der Luftdruck langsam, folgt Regen erst in 1–2 Tagen. Zeigt der Mond einen Hof, sind Schleierwolken schuld. Je näher der Hof am Mond ist, desto schneller kommt Regen (im Winter Schnee).
3. **feine Schäfchenwolken** (Cirrocumulus)
   Feine Schäfchenwolken sehen wie Spitzenmuster, Wellen oder Bienenwaben aus und zeigen erst einmal schönes Wetter an. Ein Wetterwechsel erfolgt in 18–36 Stunden.

● **Mittelhohe Wolken** (in 2–6 km Höhe)

4. **große Schäfchenwolken** (Altocumulus)
   Diese ballen- oder walzenförmigen Wolken sind in regelmäßigen Reihen angeordnet. Je weißer diese Wolken aussehen, desto länger bleibt uns trockenes Wetter erhalten. Wenn sie aber türmchenartig anwachsen, gibt es Gewitter.
5. **mittlere Schichtwolken** (Altostratus)
   Treten diese graublauen Schichtwolken auf, kann länger andauernder Landregen (bzw. Schnee) folgen.
6. **Regenwolken** (Nimbostratus)
   Durch diese dichten, grauen, zerrupften Wolken sind oft Schicht- oder Schleierwolken zu sehen. Sie bringen Regen.

● **Niedrige Wolken** (in 0–2 km Höhe)

7. **Schicht-Haufenwolken** (Stratocumulus)
   Diese walzenförmigen Wolken treten abwechselnd mit zeitweiligem Sonnenschein oder einzelnen sichtbaren Sonnenstrahlen auf. Ihr bedrohliches Aussehen trügt, denn sie stehen für „gutes" Wetter.
8. **tiefe Schichtwolken** (Stratus)
   Durch aufsteigenden Nebel entsteht diese strukturlose, graue Wolkenschicht, die den gesamten Himmel bedeckt. Aus ihr fällt Nieselregen oder feiner Schnee.

9. **Haufenwolken** (Cumulus)
   Haufenwolken sind weiße Wolken mit flachem Unterrand und blumenkohlartiger Oberseite. Wenn sie sich in den Vormittagsstunden bilden und nachmittags verkleinern, zeigen sie Schönwetter an. Meist erscheint die Unterseite der Wolke grau. Sie hat feste Ränder und ihre Form ist oft nur von kurzer Dauer.
10. **Gewitterwolken** (in 0–40 km Höhe, Cumulonimbus)
    Gewitterwolken sind ambossförmig und blumenkohlartig nach oben gewachsene Haufenwolken. Je dunkler die Wolkenunterseite aussieht, desto mehr Niederschläge sind zu erwarten. Leuchtet die Wolke innen gelbgrün, wird Hagel fallen. Solange die Gewitterwolke scharfe Grenzen zeigt, wächst sie und das Gewitter lässt auf sich warten. Werden die Konturen unscharf, ist mit Schauern und Gewittern zu rechnen.

Eine Eselsbrücke: Die Wolken wohnen in einem zweistöckigen Haus

Im Spitzboden wohnen Wolken, die aussehen wie Federn, Fischgräten, Spazierstöcke, Gardinen, Wellen und Bienenwaben. Alle diese sind bei sonnigem Wetter zu sehen, künden aber Wetteränderung in ein bis zwei Tagen an.

Im Obergeschoss wohnen Wolken, die wie kleine Schäfchen aussehen und noch trockenes Wetter mit sich bringen. Wenn der Himmel eine graue Decke trägt (bedeckter Himmel), oder wie zerzupfte graue Wolle aussieht, verkündet er Regen

Im Erdgeschoss sind meist die Schönwetterwolken, die wie Zuckerwatte, manchmal sogar wie Tiere aussehen.

Über alle Stockwerke geht der Treppenflur, in dem sich die Gewitterwolken wie ein Amboss aussehend ausbreiten.

Weitere Wetterzeichen

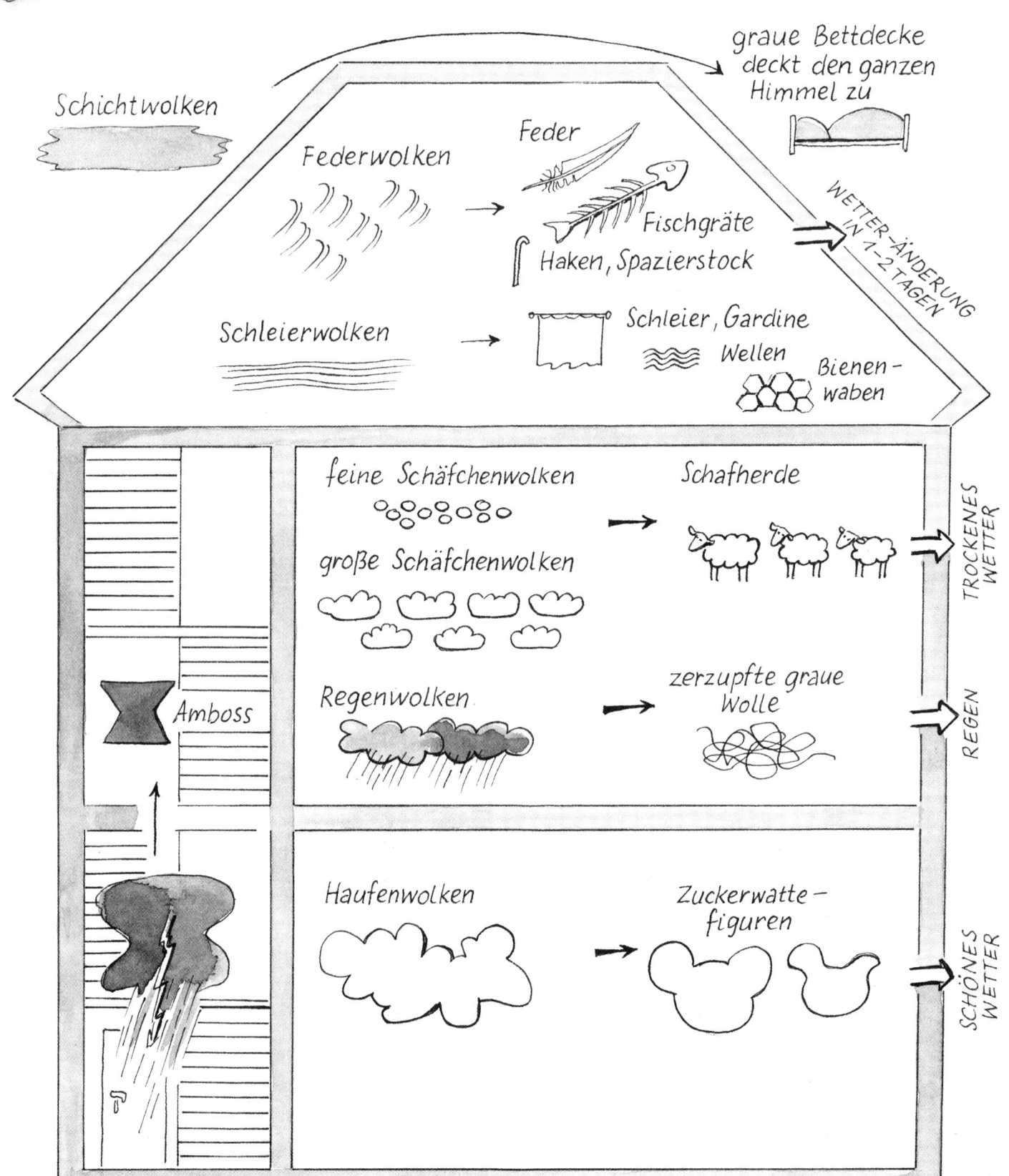

Schichtwolken

Federwolken → Feder, Fischgräte, Haken, Spazierstock

Schleierwolken → Schleier, Gardine; Wellen; Bienenwaben

graue Bettdecke deckt den ganzen Himmel zu

→ WETTER-ÄNDERUNG IN 1–2 TAGEN

Amboss

feine Schäfchenwolken → Schafherde → TROCKENES WETTER

große Schäfchenwolken

Regenwolken → zerzupfte graue Wolle → REGEN

Haufenwolken → Zuckerwattefiguren → SCHÖNES WETTER

Die Wolken als Wetterfrösche

Material: Schreibsachen, Uhr
Alter: ab 8 Jahren

Die Wolken werden zur Wettervorhersage genutzt.

Die Kinder beobachten die Wolkenentwicklung dreimal alle zwei Stunden. Dabei notieren sie jeweils das Datum und die Uhrzeit, auch wann sich welche Wolken bilden oder auflösen, ob sie glattrandig oder zerfranst sind und welche Farbe sie haben. Die Kinder versuchen, die Wolkenart und die Dichte der Himmelsbedeckung zu benennen. Auch die Zugrichtung der Wolken (Windrichtung) ist zu beachten. Langjährige Erfahrungen, die in Bauernregeln formuliert wurden, können die Wetterprognose erleichtern.

■ Bauernregeln

„Weiße Wolken befeuchten die Erde nicht,
dunkle Wolken künden Regen."
„Wenn Schäfchen am Himmel stehen,
kann man ohne Schirm spazieren gehen".
„Wenn der Himmel gezupfter Wolle gleicht,
das schöne Wetter dem Regen weicht."

Kondensstreifen beobachten

Alter: ab 5 Jahren

Flugzeuge in großer Höhe hinterlassen weiße Striche am Himmel, da die Wassertröpfchen in den Abgasen an Staubpartikeln gefrieren, wodurch sie nun weiß erscheinen. Diese Kondensstreifen können (nur zusammen mit anderen Anzeichen) zur Wettervorhersage genutzt werden. Verharren sie kurz und schmal hinter dem Flugzeug und lösen sich auf, bleibt das Wetter schön. Fließen sie jedoch auseinander und sind lange zu sehen, künden sie regnerisches Wetter an.

Die Kinder beobachten die Kondensstreifen. Lösen sie sich auf oder werden sie breiter und halten sich lange am Himmel? Welches Wetter folgt nach der jeweiligen Beobachtung?

Graue Regenwolken können sehr unterschiedlich aussehen.

Federwolken künden eine Wetteränderung in ein bis zwei Tagen an.

■ Mythologie und Geschichte der Wolken

In der römischen Mythologie war Jupiter der Himmelsgott, der auch der Wolkensammler genannt wurde und der über das Wetter entschied. Im alten Griechenland war es ihr höchster Gott Zeus, der in den Wolken donnerte. Er sollte auch über die Jahreszeiten, über Tag und Nacht und über die Winde entscheiden. Zeus trieb die Wolken zusammen und wieder auseinander. Ihm zu Ehren wurden alle vier Jahre im Juli die Olympischen Spiele gefeiert, schließlich war der Berg Olymp der Wohnsitz der Götter. Dort verbargen sie sich in den Wolken und konnten so nicht gesehen werden. Später gab es noch andere Vermutungen. Angeblich zürnte die Göttin Erde ihrem himmlischen Gemahl, wenn sie sich mit Wolken bedeckte. Christen vermuteten in den Wolken Gottes Fußabdrücke.

Dichter und Maler waren schon immer fasziniert von den Wolkenformationen in ihren unterschiedlichen Farben. Der bekannte Maler der Romantik, Caspar David Friedrich, malte sie häufig. Und viele Menschen sehen heute noch die verschiedensten Gestalten in den Wolken.

Das Wolkenabenteuer

An einem schönen Sommertag ging die kleine Mareike ganz in Gedanken versunken auf die Wiese hinter dem Bach. Sie hatte gerade ein Buch gelesen, in dem die Geschichte vom Kampf eines Ritters gegen einen Feuer speienden Drachen geschildert wurde. ‚Hat es wirklich solche Drachen gegeben?', dachte das Mädchen. ‚So etwas kann sich doch keiner nur ausgedacht haben.'

Hoch über der Wiese trällerte das muntere Lied der Feldlerche. Mareike sah nach oben und suchte das Vögelchen. Da, sie erkannte hoch oben einen ruhelos flatternden Punkt, von dem das Lied ausging. Das Mädchen legte sich ins weiche Gras und sah der Feldlerche bei ihrem Flug zu. Auf einmal entdeckte sie vor den weißen Wolken einen großen Vogel, der seine Kreise zog. Es war der Rote Milan. Als sie den Vogel bei seinem schwerelosen Dahingleiten beobachtete, bemerkte Mareike, dass die Wolke über dem Milan wie ein Drache aussah. Wie staunte sie, als sich der Drache veränderte. Er schien größer zu werden. Nein, er wurde nicht nur größer, er wurde auch dunkler. Der Wolkendrache bekam eine graublaue Farbe. Plötzlich schoss für einen kurzen Moment ein Feuerstrahl aus dem Drachenmaul. Mareike lag wie versteinert auf dem Erdboden. Sie wagte kaum zu atmen. Spannung, ja sogar ein wenig Angst stieg ihr unter die Haut, die Härchen auf dem Arm standen zu Berge. Sie konnte sich das einfach nicht erklären. ‚Woher kam auf einmal dieser Drache? Ich dachte, so etwas gibt es nur im Märchen.' Als ob der Wolkendrache ihre Gedanken lesen konnte, züngelte erneut ein greller Feuerschein aus dem Rachen des Ungeheuers. Doch Mareikes Arme und Beine bewegten sich nicht, als ob sie gelähmt wären. Das Mädchen wollte um Hilfe rufen, aber ihre Stimme brachte kaum ein heiseres Röcheln zustande.

Indes wuchs der Drache und schien sich gegen Mareike zu richten. Wieder züngelte ein Feuerstrahl aus dem Rachen des Ungeheuers. Plötzlich tauchte ein weißes Pferd am Himmel auf. Das Pferd trug einen weißen Reiter. ‚Ist das ein Ritter?', dachte Mareike. Doch der Ritter trug kein Schwert. ‚Wie will der denn ohne ein Schwert gegen den Drachen kämpfen?' Der Reiter auf dem weißen Pferd flog in Richtung des Feuer speienden Drachen. Aber es dauerte sehr lange, bis er in die Nähe des dunklen Drachen kam. Inzwischen schien der Drache immer größer zu werden. Mareike hatte das Gefühl, dass der Drache zu ihr herunter flog. Sie bekam jetzt wirklich Angst. „Weißer Ritter, wo bleibst du? Beeile dich! Das Ungeheuer kommt immer näher. Bitte hilf mir schnell!", rief Mareike plötzlich zum Himmel empor. Der weiße Ritter war jetzt dem Drachen ganz nah gekommen. Nun sah das Mädchen, dass der Ritter doch ein Schwert in der Hand zu halten schien. Es leuchtete hell. „Schlag zu!", rief Mareike. Doch statt dass der Ritter mit seinem Schwert zuschlug, zischelte aus dem Rachen des Ungeheuers erneut ein Feuerstrahl. Der Drache brüllte nun laut – lauter als ein Löwe. Mareike zuckte zusammen und wäre am liebsten in das nächste Mauseloch gekrochen.

Weitere Wetterzeichen

Das Gebrüll des Drachen konnte sie aber nicht nur hören, sie spürte wie sie der heiße Atem des Drachen erreichte. Plötzlich ging von dem Schwert des weißen Ritters ein heller Strahl aus, der den Hals des Drachen durchtrennte. Noch einmal erschütterte ein Gebrüll des Ungeheuers die Erde. Doch das war nur das letzte Aufbäumen des Drachen, bevor er in viele kleine Einzelteile zerfiel und diese sich am Himmel verteilten.
Mareike war erleichtert. Sie wollte sich gerade beim weißen Ritter bedanken, doch auch er hatte sich aufgelöst. ‚Was für ein Abenteuer!', dachte Mareike und stand zittrig auf. Sie sah noch einmal in den Himmel. Ein paar Sonnenstrahlen kämpften sich zwischen die grauen und die weißen Wolkenfetzen hindurch. Ritter und Drache waren nicht mehr zu sehen – nur kleine und große Wolken und ..., da kam doch ein weißer Stier angeflogen! Mareike wollte jetzt aber in ihrem Buch weiterlesen und ließ den Stier einfach davonfliegen.

Gewitter mit Blitz und Donner

Blitze verästeln sich.

● Gewitterarten

Gewitterwolken entstehen, wenn die Luft viel Feuchtigkeit enthält, stark erwärmt wird und aufsteigt. Vor allem in feuchten Gebieten (über Flüssen, Seen, Mooren) erhalten die Gewitterwolken viel Nachschub an Wasserdampf und so verweilen dort die Gewitter länger als andernorts. Durch das Aufsteigen des Wasserdampfes gerät das Wasser in Regionen, in denen es zu Hagelkörnern gefriert, die jedoch durch die Luftströmung weiter aufsteigen. Aufgrund der Reibung der Hagelkörner mit der Luft und dem Kontakt der Hagelkörner untereinander kommt es zur Ladungstrennung. So können sich nach kurzer Zeit in den Wolken Spannungen von 100 Millionen Volt bilden. Bei der Entladung der Spannungen können Stromstärken von 10 000 bis 400 000 Ampere entstehen. Diese Entladung sehen wir als Blitz. Dabei wird die Luft stark erhitzt, so dass sie sich explosionsartig ausdehnt – es donnert. In Mitteleuropa gibt es durchschnittlich 15 bis 25 Gewittertage. Weltweit gibt es täglich etwa 44 000 Gewitter. Durch die steigende Temperaturdifferenz aufgrund des Klimawandels nimmt die Anzahl der Gewitter auch bei uns zu.

Es gibt zwei verschiedene Gewitterarten: Wärmegewitter und Frontgewitter. An schwülwarmen Tagen ist die Neigung zu einem Wärmegewitter besonders hoch. Das Gewitter kündigt sich mit Schleierwolken und eventuell auch Sonnenringen an. Dann sieht man in der Ferne die wachsenden Gewitterwolken. Der Wind frischt auf, wird böig. Das Barometer fällt. Unmittelbar vor dem Gewitter lässt der Wind nach und der Luftdruck steigt steil an. Nach dem Gewitter ist die Luft frisch und kühl. Wärmegewitter treten nur lokal auf. Frontgewitter hingegen bilden sich in einer Kaltfront und können auch im Winter entstehen. Dann bringen sie starkes Schneetreiben und Sturm. Frontgewitter ziehen in breiter Front meist vom Westen heran. Der Wind kann Orkanstärke erreichen.

■ Gewitter mit allen Sinnen erleben

Material: Bleistift, Papier, Wasserfarben, Pinsel, Becher, Mischpalette
Alter: ab 8 Jahren

Da Gewitter meist nachmittags oder abends auftreten, können die Kinder diese Sinnesübungen auch gut zu Hause durchführen. Anschließend werten sie ihre Erfahrungen in der Gruppe gemeinsam aus und spielen sie nach.

Sehen

Ein Gewitter wird meist durch Wetterleuchten angekündigt. Diese weit entfernten, donnerlosen Blitze zeigen die Richtung, aus der das Gewitter kommt. Außer durch die Blitze, wird das Gewitter durch sich im starken Wind biegende Bäume, herumfliegendes Laub und schließlich durch Regen angekündigt.
Aktivität 1: Die Kinder bannen diese Stimmung auf Papier.
Aktivität 2: Sie spielen in der Gruppe *Blitz, Hochwasser, Sturm* (→ S. 113).

Hören

Ein Gewitter ist natürlich auch etwas für die Ohren, vorausgesetzt CD-Player, Fernseher, Computer und Radio sind ausgeschalten (was sowieso zu empfehlen ist bei Blitzschlag). Bei geöffnetem Fenster (sofern es nicht hereinregnet) lässt sich das Gewitter gut verfolgen. Vor dem Gewitter liegt eine Spannung in der Luft – erst hört man den Wind, dann wird es ganz still. Die Vögel und Grillen singen nicht mehr, die Insekten verkriechen sich. Dann sind Donnergrollen und Regen zu vernehmen. Nun lässt sich die Entfernung des Gewitters errechnen (→ S. 113). Nach dem Wegzug der Gewitterfront sind nur noch der Regen, fernes Grollen und erneute Vogelgesänge zu vernehmen.
Aktivität: Die Kinder spielen mit Geräuschen (Regenmacher, Donnerblech, Pusten) das Herannahen und Entfernen eines Gewitters nach.

Riechen und Schmecken

Geruch und Geschmack verändern sich oft bei Gewitter. Vor dem Gewitter riecht es unangenehm aus der Abwasserkanalisation und wir haben mitunter keinen Appetit. Nach dem Gewitter ist die Luft frisch. Wir reißen die Fenster auf. Dafür ist frische Milch nun meist leider sauer geworden.
Aktivität: Gerüche und das eigene Geschmacksempfinden vor, während und nach einem Gewitter notieren.

Fühlen

Die Empfindungen beim Gewitter sind sehr unterschiedlich, einige mögen Gewitter wegen der besonderen Spannung der Luft. Andere haben Angst, dass etwas passiert. Den starken Luftdruckwechsel während eines Gewitters spüren viele wetterfühlige Menschen (→ S. 16). Meist geht es ihnen nach dem Gewitter wieder gut.
Aktivität 1: Die Empfindungen der Kinder bei Gewitter in einer Geschichte, einem Elfchen oder einem Gedicht beschreiben.
Aktivität 2: Das Vortragen der Gewitterwerke bereichern die Kinder durch Geräusche mit dem Körper oder mit Musikinstrumenten.

Blitz, Hochwasser, Sturm

Alter: ab 5 Jahren

Dieses Bewegungsspiel ist eine Abwandlung des bekannten Spiels „Feuer, Wasser, Sturm". Bei dem Ruf „Blitz" hocken sich die Kinder mit geschlossenen Beinen hin, bei „Hochwasser" suchen sie eine Erhöhung auf und bei „Sturm" einen überdachten Platz (zum Schutz vor herunterfallenden Ästen und Dachziegeln). Die Spielleitung ruft ein Wetterereignis aus und die Kinder reagieren sofort. Wer zuletzt das entsprechende Verhalten zeigt, scheidet aus. Zwischendurch erklingt der Ruf „Sonnenschein", bei dem die Kinder sich frei bewegen.

● **Gewittererscheinungen**

Zu den Gewittererscheinungen zählen außer Blitz und Donner auch Regen (→ S. 81), Sturm (→ S. 75) und Hagel (→ S. 94). In den Wolken entstehen unterschiedliche Ladungen. Es bilden sich Blitze, durch die diese Unterschiede ausgeglichen werden. Die Blitze verlaufen meist zuckend, da die elektrischen Ströme zwischen den unterschiedlich aufgeladenen Feldern bis zu viermal hin- und herwandern. Nur 20 % aller Blitze kommen bis zur Erde (Erdblitze), 80 % werden zwischen den Wolken ausgetauscht (Wolkenblitze). Da durch den Blitz die Luft auf 30 000 °C erhitzt werden kann, entsteht eine heftige Druckänderung der sich ausdehnenden Luft. Das hören wir als Donner. Blitze sind 100 000 km/s schnell. Ein Blitz hat eine Stärke bis 40 Millionen Volt. Damit könnte eine ganze Stadt gleichzeitig mit Strom versorgt werden. 75 % der Energie des Blitzes wird in Wärme umgewandelt. Die Hitze des Blitzes ist so stark, dass Bäume geteilt werden, Häuser in Brand geraten und der Sand in der Erde und im Gestein zu Glas verschmilzt, so dass Fulgurite entstehen.

Entfernung des Gewitters errechnen

Alter: ab 7 Jahren

Das Licht des Blitzes breitet sich mit Lichtgeschwindigkeit aus, also viel schneller als der Donner. Der Schall des Donners breitet sich mit einer Geschwindigkeit von etwa einem Kilometer in drei Sekunden aus.

Die Kinder errechnen die Entfernung eines Gewitters, indem sie die Sekunden zwischen Blitz und Donner zählen und dann durch drei teilen. Der errechnete Wert ergibt die ungefähre Entfernung des Gewitters in Kilometer. Wenn kein Donner zu hören ist, dann ist das Gewitter mehr als 20 km entfernt und nur als Wetterleuchten zu verfolgen.

Verhalten bei Gewitter

Alter: ab 4 Jahren

Gewitter sind nicht ungefährlich. Beim Hören, Nachspielen und Beurteilen folgender Grundregeln lernen die Kinder, wie sie sich im Gewitter verhalten sollten.
- Wenn das Gewitter nur noch 3 km entfernt ist, sollte möglichst schnell ein Unterschlupf aufgesucht werden. Im geschlossenen Auto ist man sicher. Fahrradfahren ist bei Gewitter sehr gefährlich!
- Berggipfel, Türme, Zelte und Gewässer müssen verlassen werden.
- In hohe Gegenstände schlägt der Blitz am häufigsten ein, da ihr elektrisches Feld stärker aus der Umgebung herausragt. Also sollten einzeln stehende Bäume als Schutz gemieden werden, egal ob es Eichen, Buchen oder Linden sind.

○ Im Umfeld eines Blitzes fließen elektrische Ströme. Befindet sich ein Mensch oder ein Tier in der Nähe, kann der Blitz sie auch gefährden. Ist kein Unterschlupf zu finden und das Gewitter ist sehr nah, sollte sich der Mensch mit geschlossenen Füßen auf freiem Feld hinhocken.

○ Zu Hause sollten elektrische Geräte ausgeschaltet und Wasserhähne nicht genutzt werden, da Blitze auch in Elektrokabeln und entlang von Wasserrohren weiterwandern. Daher auch die Stromzufuhr über Steckdosen und die Antennenanschlüsse unterbrechen.

Aktivität: Die Spielleitung denkt sich eine Geschichte aus, in der Ereignisse zu den Grundregeln bildhaft dargestellt werden. Die Kinder erhalten feste Rollen (z. B. Autofahrer, Blitz, Baum) und spielen während des Erzählens die Ereignisse nach.

Sind die Grundregeln bereits bekannt, erzählt die Spielleitung diese Geschichte noch einmal. An entscheidenden Stellen macht sie eine Pause oder baut einen Fehler ein. Die Kinder ergänzen oder korrigieren die Geschichte.

Bauernregeln

„Bleibt es nach dem Gewitter schwül, wird's erst nach dem nächsten kühl."
„Donnert es im Winter, steckt viel Kälte dahinter."

Tiere und Pflanzen als Gewitterpropheten

Vor Gewitter sind Mücken, Bremsen und Wespen meist sehr lästig. Mücken und Bremsen gieren dann besonders nach Blut, Wespen sind leicht reizbar und aggressiv. Unmittelbar vor einem Gewitter hören Singvögel plötzlich auf zu singen. Es ist „die Ruhe vor dem Sturm".

Mythologie und Geschichten vom Gewitter

Gewitter wurden früher immer gefürchtet. Die Häuser bestanden aus Holz. Schlug ein Blitz ein, brannte alles nieder. Hagel und Sturm konnte die gesamte Ernte vernichten, und eine Hungersnot war die Folge. Daher dachten die Menschen im Mittelalter, dass ihr Gott das Gewitter als Strafe schicken würde. In der römischen Mythologie schleuderte der Gott Jupiter die Blitze auf die Erde, bei den Griechen war es Göttervater Zeus. Die Germanen glaubten, dass ihr Gott Thor mit einem Wagen, der von zwei Ziegen gezogen wurde, über den Himmel fuhr. Thor wurde auch Donar genannt, nach ihm bekamen Donner und Donnerstag ihre Namen. Er schleuderte die Blitze zur Erde und der Wagen verursachte Krach, den Donner. Vom Blitz getroffene Gegenstände waren von Gott geweihte Heiligtümer, z. B. die heiligen Eichen. In der Bibel gilt der Donner als Stimme Gottes (Joh. 12,19). Bis ins 18. Jahrhundert schob man die Entstehung des Gewitters auch auf den Teufel oder auf Hexen. Mit einer Kerze warteten alle Familienangehörigen in der Zimmermitte, bis das Gewitter vorbei war, schließlich sollten sich bei einem möglichen Hausbrand alle retten können. So genannte „Wetterglocken" wurden vor einem Gewitter geläutet, um die Menschen zu warnen und die bösen Gewittermächte zu vertreiben. Bauern legten ihre Eggen mit den Zähnen nach oben aufs Feld, um die Wetterhexe abzuschrecken. Bis in die 50er Jahre des letzten Jahrhunderts glaubte man, dass es ein Gewitter geben würde, wenn die Gewitterblume, der Ehrenpreis, abgepflückt wurde. Wohnte der Storch auf dem Dach oder die Schwalben am Haus, sollte der Blitz nicht einschlagen. Viele Menschen fertigten sich ein Amulett gegen Gewitter an.

Ein Riesengewitter in den Bergen

Auf dem Bahnhof saß ein kleiner Junge. Ganz aufgeregt rutschte er ständig auf der Bank hin und her. Etwas ängstlich sah er sich die fremde Umgebung und die fremden Menschen an. Ringsherum ragten hohe Berge in den Himmel. Die höchsten Gipfel trugen ganz oben noch weiße Schneehauben, obwohl die Sonne schon recht warm schien. In der Nähe der großen Berge kam sich der Junge ziemlich klein vor. „Sören!", rief eine Stimme und riss ihn aus seinen Gedanken. Er drehte sich um und sah eine Kutsche, die von zwei Pferden gezogen wurde. Nun erkannte er den Mann auf dem Kutschbock. „Opa!", rief er und sprang auf, nahm seine große Reisetasche und schleppte sie zur Kutsche. Der Großvater hob die schwere Tasche auf die Kutsche, dann setzte er seinen Enkel Sören auf den Kutschbock. „Na, hattest du eine schöne Reise?", fragte er den Jungen. „Wie war es denn, das erste Mal allein in die Ferien zu fahren? Hast du nicht ein bisschen Angst gehabt?" Sören sah ihn mit strahlenden Augen an und sagte voller Stolz: „Aber Opa, ich bin doch schon neun Jahre alt. Da werde ich doch wohl allein zu dir fahren können. Außerdem hat mich Papa bis zum Zug gebracht und umsteigen musste ich ja auch nicht." „Entschuldige mein junger Mann, wie konnte ich nur so etwas fragen", sagte der alte Herr und nahm lächelnd die Zügel in die Hand. „So, wir müssen uns beeilen, dass wir nach Hause kommen. Das Wetter wird bald schlechter werden." Sören sah sich verwundert den blauen Himmel an. Er konnte nur ein paar harmlose weiße Wolken sehen. „Aber Opa, das Wetter ist doch schön", sagte Sören. Er wunderte sich, dass sein Opa das wohl anders einschätzte und besorgt zum Himmel sah.

Auf der Fahrt erzählte Sören von Zuhause, von den Eltern, seiner Schwester und von der Schule. Sein Mund kam kaum zur Ruhe. Der Opa fragte ihn aber auch aus. Ab und zu schaute der alte Mann wieder besorgt zum Himmel und zu den Bergen. Sören blickte auch hinauf und sah nun sehr viele weiße und auch große dunkle Wolken. Der Wind nahm zu und bog die Bäume merklich zur Seite. Der Großvater trieb die Pferde an. „Wir müssen schneller sein als Thor mit seinem Ziegenwagen", sagte er zu seinem Enkel. In seinen Augenwinkeln zeigten sich Falten vom Lächeln, die Augen leuchteten verschmitzt. „Wo ist denn der Thor mit dem Ziegenwagen?", fragte Sören. „Früher glaubten die Menschen, dass bei einem Gewitter der Gott Thor in einer Kutsche, die von zwei Ziegen gezogen wird, über den Himmel fährt und mit seinem Hammer die Riesen der Berge jagt. Die Riesen richteten nämlich bei den Menschen und den Göttern viel Unheil an.

Und immer, wenn es blitzte, hat Thor seinen Hammer Mölnier geworfen, um einen Riesen zu erschlagen." „Riesen gibt es doch gar nicht und eine Ziegenkutsche am Himmel ist doch auch völliger Quatsch", erwiderte Sören. In dem Moment zuckte der erste Blitz hinter einem Berg. „Stimmt doch Opa, oder?" Sörens Stimme klang auf einmal gar nicht mehr so sicher. Der alte Mann sah den Jungen an, hob seine Schulter und sagte nur: „Wer weiß?" Sören schluckte. Er sah nun etwas besorgter in die Richtung, in der sich der Himmel inzwischen bedrohlich verdunkelt hatte.

Endlich kamen sie am Haus der Großeltern an. Von weitem sah Sören schon die Großmutter, die vor dem Haus wartete. „Oma, Oma!", rief er und winkte aufgeregt mit den Armen.

Als der alte Mann die Pferde in den Stall gebracht hatte, ging auch er in das Haus. Es roch nach Kaffee und Kakao und leckerem Kuchen. Der Tisch war gedeckt, doch es saß niemand auf den Stühlen. Sören hockte am Fenster und sah gespannt in die Berge. Inzwischen zuckten die Blitze unaufhörlich aus dem dunklen Himmel und der Donner grollte immer stärker. Er wurde durch das Echo der Berge noch lauter. Plötzlich glaubte Sören im Lichte eines Blitzes einen Schatten über den Himmel fliegen zu sehen. Sören fragte: „Oma, stimmt es, dass es in den Bergen Riesen gibt und Thor mit der Ziegenkutsche fährt?" „Wer erzählt denn so etwas?", fragte sie. „Na Opa", sagte Sören und wies mit dem Kopf auf den alten Mann am Tisch. „Ach so", sagte sie und blickte verschmitzt auf ihn. „Wenn Opa das sagt ... Komm jetzt an den Tisch, wir wollen Kaffee trinken. Ich habe extra für dich einen leckeren Kuchen gebacken."

Am nächsten Morgen zeigte der Großvater seinem Enkel die Berge. Sie gingen in die Richtung, in der Sören das Gewitter beobachtet hatte. Er war von der Natur beeindruckt. Der alte Mann erzählte ihm viel über die Pflanzen und Tiere der Berge und zeigte ihm auch einen Steinadler, der über die Berge glitt. Plötzlich blieb Sören vor einem Felsen stehen und starrte ihn fassungslos an. „Opa", sagte er, „schau nur den Felsen. Der sieht doch bald aus wie der Rücken eines Riesen und dort oben – das könnte doch ein Kopf sein." Der Großvater sah sich den Felsen eine Weile an und sagte „Stimmt, der wird wohl gestern vom Mölnierhammer in Stein verwandelt worden sein." Wieder blitzten seine Augen verschmitzt zu seinem Enkel. Sören wusste nun gar nicht mehr, was er davon halten sollte. Gab es nun in den Bergen Riesen, oder nicht?

Farben am Himmel

● Das Himmelsblau

Sonnenstrahlen bestehen aus dem ultravioletten (UV), dem sichtbaren und dem infraroten Licht. Durchdringen Sonnenstrahlen die Lufthülle, werden sie von den Bestandteilen der Luft gestreut. Dabei wird der kurzwellige blaue Bereich am stärksten gestreut, weshalb wir den Himmel blau sehen. Je mehr Wassertröpfchen in der Atmosphäre sind, desto mehr streut das Sonnenlicht, der Himmel wird fahlblau bis weißlich und kündet schlechtes Wetter an.

Das Himmelsblau als Wetteranzeiger

Material: Aquarellfarben, Aquarellblock, Pinsel, Wasser, Becher, Lappen
Alter: ab 6 Jahren

Ist der Himmel tagsüber milchig trüb, folgt unbeständiges Wetter. Ist er dunkelblau, bleibt es schön. Ist das Sonnenlicht rötlich, obwohl die Sonne hoch am Himmel steht, kommt schlechtes Wetter. Ist es gelb, bleibt es schön.

Die Kinder betrachten die Färbung des Himmels und der Sonne. Mit Aquarellfarben halten sie diese Farben auf dem Papier fest. Der Schwerpunkt der Malerei sollte dabei wirklich auf der Darstellung der Farben liegen und nicht auf dem gegenständlichen Malen.
Auf der Rückseite des Bildes notieren sie die entsprechende Bauernregel.
Nach einigen Stunden oder am nächsten Tag die eingetroffene Wetterentwicklung unter die Bauernregel schreiben und dann damit vergleichen.

● Das Morgen- und Abendrot

Am Abend und am Morgen steht die Sonne tief über dem Horizont. Daher hat das Sonnenlicht einen langen Weg durch die Atmosphäre. In den tieferen Luftschichten gibt es mehr Wasserdampf und Abgase, wodurch nur das rote und gelbe Licht hindurch kann. Staub und Wasserpartikel wirken als Reflektoren. Je mehr Wasserdampf in den unteren Luftschichten vorhanden ist, desto stärker erscheint die Rotfärbung des Himmels. Ein feuriges Morgenrot zeigt also viel Wasserdampf an, der in der wärmer werdenden Luft aufsteigt und Schauerwolken bildet. Hingegen ist bei gelbem Sonnenaufgang weniger Wasserdampf in der Luft verteilt, wodurch keine Schauerwolken entstehen.
Roter Sonnenuntergang zeigt viel Wasserdampf in der Luft. Durch Abkühlung setzt dieser sich als Tau ab. Die Folge ist sonniges Wetter am nächsten Tag.

■ Bauernregeln

*„Der Abend rot, der Morgen grau,
gibt das schönste Tagesblau."
„Abendrot Gutwetterbot',
Morgenrot schlecht' Wetter droht."*

Die Morgenröte erzählt

Material: Papier, Bleistift
Alter: ab 7 Jahren

Die Kinder betrachten die Farben des Himmels bei Sonnenaufgang und Sonnenuntergang. Sie beobachten das nachfolgende Wetter und bewerten die Richtigkeit dieser Bauernregeln.

Morgen- und Abendrot werden oft in der Poesie verwendet.

Die Kinder schreiben eine Geschichte oder erzählen sie weiter. Die Geschichte handelt davon, welche Lebewesen oder Dinge die Farben des Sonnenuntergangs erhalten haben könnten bzw. noch bräuchten. Eine einfache Form der Übung besteht darin, dass die Übungsleitung eine Geschichte beginnt, die die Kinder weitererzählen.

Eine Geschichte könnte z. B. so beginnen: „Jeden Tag gab es Gelächter im Reich der Vögel. Sie lachten den Raben wegen seines schwarzen Federkleides aus. Eines Tages traf der Rabe auf eine Wasserelfe, die gerade von der Morgensonne aus einem Tautropfen geboren wurde. Nun hatte er einen Wunsch frei. Er wünschte sich, so orange auszusehen wie die Morgenröte ..."

■ Mythologie und Geschichte der Morgen- und Abendröte

Die verschiedenen Farben des Himmels regte auch schon die Phantasie der Menschen vor einigen tausend Jahren an. Solche gewaltigen Farbenspiele konnten demnach nur durch Götter verursacht worden sein. Die Ägypter erklärten sich früher das Morgenrot so, dass die Göttin Nut die Sonne abends verschlingt und morgens gebärt. Dabei fließt rotes Blut – die Morgenröte. In der römischen Mythologie ist Aurora die Göttin der Morgenröte. Nach germanischem Glauben verursacht die Frühlingsgöttin Ostara das Morgenrot. Nach ihr wurden auch die Himmelsrichtung der aufgehenden Sonne (Osten) und das Frühlingsfest Ostern benannt.

● Der Regenbogen

Ist ein Regenbogen am Himmel zu sehen, leuchten nicht nur die Augen der Kinder vor Entzücken. Der Regenbogen entsteht, wenn die Sonne in eine Regenwand scheint. Der Beobachter eines Regenbogens steht stets mit dem Rücken zur Sonne und schaut in die Regenwand. Ein großer Regenbogen, das heißt ein gesamter Halbkreis, kann sich nur in den Morgen- und Abendstunden um Sonnenauf- und Sonnenuntergang bilden. Am häufigsten tritt die farbige Himmelsbrücke am späten Nachmittag auf, wenn wir nach einem Schauer in Richtung Osten sehen.

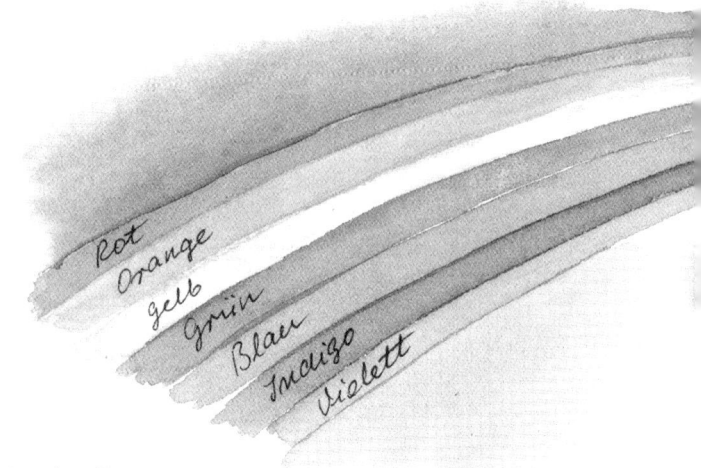

Wie entsteht ein Regenbogen? Das weiße Sonnenlicht besteht eigentlich aus vielen verschiedenen Farben, den so genannten Spektralfarben. Das weiße Licht wird von den Regentropfen gebrochen und somit in seine Bestandteile zerlegt. Die Spektralfarben werden entsprechend ihrer Wellenlänge unterschiedlich stark gebrochen, wodurch sich die Farben nun nebeneinander legen. Von außen nach innen erscheinen die Farben Rot, Orange, Gelb, Grün, Blau, Indigo und Violett. Es werden nur in den Wassertropfen Farben gesehen, die in einem Winkel von 40° (violett) bis 42° (rot) zum Auge stehen. Am deutlichsten ist das Rot, weniger stark sind das Gelb und Grün, innen ist das Blau nur noch in seltenen Fällen zu erkennen. Oberhalb des Regenbogens ist der Himmel dunkler als unterhalb. Dadurch werden die Blautöne im unteren

■ Bauernregel

*"Regenbogen am Abend,
lässt auf gutes Wetter hoffen.
Regenbogen am Morgen, lässt für Regen sorgen."*

Bereich des Regenbogens durch die Helligkeit des Himmels etwas überstrahlt, die Farben verblassen.

Die Regenmenge und die Größe der Tropfen entscheiden über die Länge und Farbstärke des Regenbogens. Je kleiner die Tropfen, desto schwächer ist er zu sehen. Bei großen Tropfen, wie im Gewitter, ist er am deutlichsten zu erkennen. Der günstigste Sonnenstand für eine Regenbogenbildung ist im Frühling und Herbst.

Manchmal erscheint ein wesentlich schwächerer Nebenregenbogen über dem bunten Regenbogen. Dessen Farben sind genau umgekehrt angeordnet, also von Rot innen nach Violett außen.

Wer das „Ende" oder den „Anfang" des Regenbogens erreichen möchte, um den Schatz, der dort vergraben sein soll, zu bergen, wird nie Erfolg haben, denn der Regenbogen folgt dem Betrachter wie der eigene Schatten.

Ein Regenbogen als Wetteranzeiger

Material: Papier, Wasserfarben und Pinsel, Stifte
Alter: ab 6 Jahren

Diese Bauernregel ist besonders im April zu überprüfen. Das erfordert natürlich einen längerfristigen Beobachtungszeitraum. Wird ein Regenbogen entdeckt, werden alle schnell zusammengerufen. Die Kinder betrachten ihn genau (Farbenreihe von innen nach außen, Form, Größe, wo sind Regen und Sonne?) und malen ihn mit den entsprechenden Wetterbedingungen. Dazu notieren sie Datum, Uhrzeit und die Himmelsrichtung des Regenbogens. Sie verfolgen den Witterungsverlauf des Tages (Regenbogen am Morgen) oder Folgetages (Regenbogen am Abend). Hat sich die Bauernregel bewahrheitet?

Regenbogenfarben erzeugen

Material: 1 geschliffenes Glas Wasser, weißes Papier, Buntstifte; evtl. geschliffener Kristall, Gartenschlauch
Alter: ab 6 Jahren

Das weiße Papier auf das Fensterbrett legen und das mit Wasser gefüllte Glas darauf stellen. Das Papier muss im Halbschatten liegen, das Wasserglas in der Sonne stehen. Scheint die Sonne durch das Wasserglas, werden die Regenbogenfarben auf dem Papier abgebildet.
Die Kinder betrachten die Reihenfolge der Farben von innen nach außen, mischen selbst Farben und malen.

Variante 1
Ein Regenbogen lässt sich auch mit einem geschliffenen Kristall, der gegen die Sonne gehalten wird, erzeugen.

Variante 2
Viel Spaß macht den Kindern der (Regenbogen-)Sprühregen aus dem Gartenschlauch. Die Sonne muss dabei im Rücken der Kinder stehen und der Sprühregen vor ihnen sein.

■ Mythologie und Geschichten über den Regenbogen

In der griechischen Mythologie ist Iris die Göttin des Regenbogens, die als Botin der Hera den Regenbogen als Reiseweg zur Erde nutzte. Nach dem christlichen Glauben soll Gott den Regenbogen als Zeichen des Bundes, den er mit Noah nach der Sintflut geschlossen hat, an den Himmel gesetzt haben. Die sieben Farben symbolisieren dabei die sieben heiligen Sakramente. Der Regenbogen wird auch als Sonnenbogen, Weg der Engel, Brücke zwischen Himmel und Erde, auf der das Christkind herabrutscht, oder als die Peitsche Luzifers, der mit dem Regenbogen die kleinen Teufelchen schlägt, bezeichnet. Angeblich soll an der Stelle, wo der Regenbogen die Erde berührt, eine goldene Schüssel oder ein Schatz liegen

Nachgedanken

Das Wetter berührt uns immer, wenn wir aus unseren schützenden Häusern und Fahrzeugen den Schritt in die Natur wagen. Unweigerlich wirken dann die Wetterelemente auf uns ein. Allzu schnell neigen wir Menschen dazu, das Wetter zu bewerten, wir finden es gut oder schlecht. Das ist eine wirklich rein subjektive Einteilung, die den Wetterelementen genauso unrecht tut wie Pflanzen und Tieren, die als Unkräuter, Ungeziefer oder Schädlinge bzw. Nützlinge bezeichnet werden.

Menschen versuchen sich schon seit Tausenden von Jahren unabhängig vom Wetter zu machen. Doch selbst in unserer technisierten Gegenwart gelingt uns das nur scheinbar. Wir müssen einfach nur die Wetterelemente akzeptieren, egal ob sie uns angenehm sind oder nicht. Eine bewusste Wahrnehmung von Sonne, Wind, Regen, Wärme oder Kälte und ihrer Spiegelung in der belebten Natur zeigt uns die grandiose Kraft und die faszinierende Schönheit der Wetterelemente. Ihre Achtung ist auch die Grundlage für das Verständnis der Verletzlichkeit der Natur unter der klimaverändernden Wirkung des Menschen.

Die Wetterelemente verdienen einfach unsere ganze Aufmerksamkeit – mit allen Sinnen. Achtung entsteht auch hier aus der bewussten Beachtung der Natur. Wir hoffen, mit diesem Buch einige Wege dazu aufgezeigt zu haben.

Wir greifen auf viele interessante Anregungen und Hinweise von Frau Evelyn Lange von der Meteorologischen Station des Deutschen Wetterdienstes (DWD) in Artern (Thüringen) zurück. Dafür bedanken wir uns an dieser Stelle vielmals.

Anhang

Register

Sinnesübung
Aktionen
Spiele
Künstlerisches/Basteln

Aufwärmspiele 43
Augenzeuge des Aprilwetters 25

Bäume halten Regen zurück 82
Blitz, Hochwasser, Sturm 113
Blüten als Regenanzeiger 26
Blütenreaktionen auf Sonnenschein 24

Eiszapfen 45
Entfernung des Gewitters errechnen 113

Fata Morgana 58

Gewicht der Luft messen 65
Gewitter mit allen Sinnen erleben 112
Grüne Schuhe 26

Hagel mit allen Sinnen erleben 94
Himmelsblau als Wetteranzeiger, Das 117

Kondensstreifen beobachten 107

Luftdruck mit allen Sinnen erleben 65
Luftdruck sichtbar machen 67
Luftfeuchtigkeit mit allen Sinnen erleben 62

Modellbau der Hochwasserentstehung 12
Morgenröte erzählt, Die 117

Naturkalender erstellen, Einen 19
Nebel des Grauens 98

Nebel mit allen Sinnen erleben 97
Niederschlag messen 81

Projekt: Aktionen gegen Klimaerwärmung 11

Reaktionen auf Wettererscheinungen beim Menschen 17
Regenbogen als Wetteranzeiger, Ein 119
Regenbogenfarben erzeugen 120
Regen mit allen Sinnen erleben 82
Regentanz, Der 85
Reif mit allen Sinnen erleben 103
Reif oder Tau fotografieren 102

Sauerkleebarometer, Das 33
Schattenfangen 55
Schnee mit allen Sinnen erleben 89
Schneenamen 91
Schneesterne basteln 91
Schwarzes Heizhemd, weißes Kühlshirt 57
Seerose als Frostanzeiger 28
Siebenschläfer und Hundstage 32
Silberdistelblüten 63
Sonnenhöhe und Jahreszeiten 49
Sonnenwärme im Jahresverlauf 48
Sonnenwärme nutzen 57
Sonne tanken (Meditation) 59
Sport im Schnee 92
Spuren im Schnee 92

Taubildung testen 101
Tau mit allen Sinnen erleben 100
Tau treten 100
Temperatur-Messungen 50
Temperatur mit allen Sinnen erleben 54
Temperatur und Bekleidung 55

Tropfengröße und Regenstärke ermitteln 82

Unterm Nebeltuch 97
Unwetternachrichten 11

Verhalten bei Gewitter 113
Verhalten bei Sturm 76

Warme Steine, kalte Steine 56
Wasserkreislauf im Einmachglas, Der 63
Wasser und Eis 51
Weiches Regenwasser schmecken, sehen und fühlen 84
Wetterfühlige Familie? 17
Wetterstein, Der 8
Wetterstation einrichten, Eine 8

Wind kühlt aus 54
Wind mit allen Sinnen erleben 75
Windmühle bauen 73
Windsack bauen, Einen 73
Windstärkenspiel, Das 74
Wir erzeugen Wind 71
Wolken als Wetterfrösche, Die 107

Märchen
Das Riesengewitter in den Bergen 93
Das Wolkenabenteuer 78
Der Flügelschlag des Adlers 86
Die Farbe des Schnees 115
Klassentreffen der Regentropfen 60
Wie die Sonne die Wärme verschenkte 109

Literaturempfehlungen

Malberg, Horst (1993), Bauernregeln. Ihre Deutung aus meteorologischer Sicht, Springer-Verlag, Berlin, Heidelberg.

Michels, Bernhard (2003), Abendrot Schönwetterbot – Wetterzeichen richtig deuten. BLV Verlagsgemeinschaft mbH, München.

Neumann, Antje und Burkhard (1999), Waldfühlungen – Das ganze Jahr den Wald erleben. Ökotopia Verlag, Münster.

Neumann, Antje und Burkhard (2002), Wiesenfühlungen – Das ganze Jahr die Wiese erleben. Ökotopia Verlag, Münster.

Neumann, Antje und Burkhard (2003), Wasserfühlungen – Das ganze Jahr Naturerlebnisse an Bach und Tümpel. Ökotopia Verlag, Münster.

Parker, Steve (1994), Wetter – Experimente, Tricks und Tipps. Weltbildverlag, Augsburg.

Die AutorInnen

Gemeinsam veröffentlichten sie die naturpädagogischen Bücher „Waldfühlungen" (1999), „Wiesenfühlungen" (2002) und „Wasserfühlungen" (2003) und führen seit 1994 Naturfühlungen für Kinder, Jugendliche und Erwachsene in Wäldern, auf Wiesen und an Gewässern durch, bei denen Wettererlebnisse ein integraler Bestandteil sind. Das Ziel beider AutorInnen ist es, bei den Menschen die Achtung vor den Lebewesen und natürlichen, alltäglichen Begebenheiten zu wecken.

Dr. Burkhard Neumann (Jahrgang 1962) ist Lehrer für Biologie und Chemie. Er promovierte 1992 auf dem Gebiet der Verhaltensbiologie. **Antje Neumann** (Jahrgang 1969) ist Landwirtin, Diplombiologin, Diplom-Agraringenieurin und Naturpädagogin. Sie wohnen mit ihren Kindern in Wandlitz/Basdorf (Land Brandenburg).

Weitere Erfahrungen in der Umsetzung naturpädagogischer Ansätze sammelten sie durch ihre regelmäßige Organisation und Betreuung historischer Spielferienlager des Vereins „Mitwitz – Orte für Ideen e. V." seit 1992. Sie sind DozentInnen von Weiterbildungsveranstaltungen im naturpädagogischen Bereich für Förster, Lehrer und andere Interessierte.

Die Illustratorin

Kasia Sander, geboren 1964 in Gdynia (Polen), studierte an der Danziger Kunstakademie und machte 1993 ihr Diplom an der Fachhochschule für Design in Münster. Seitdem illustriert die Grafikdesignerin Bücher für diverse Verlage (Arena, Ökotopia, Schneider u. a.) und arbeitet seit 2000 als Karikaturistin für die Recklinghauser Zeitung. Darüber hinaus leitet sie Workshops in Ölmalerei und Zeichnung. Kasia Sander hat ihre Werke mehrfach in Gemeinschafts- wie Einzelausstellungen präsentiert.

Umwelt spielend begreifen
aus dem Ökotopia Verlag
Hafenweg 26a · D-48155 Münster

A. u. B. Neumann
Wasserfühlungen
Das ganze Jahr Naturerlebnisse an Bach und Tümpel – Naturführungen, Aktivitäten und Geschichtenbuch

Ein Handbuch für Naturwahrnehmungen an Kleinstgewässern mit Experimenten, Rezepten, Geschichten und spannenden Informationen zur Biologie und Mythologie von Pflanzen und Tieren. Für jede Jahreszeit werden verschiedene Spiele und Wahrnehmungsübungen vorgestellt.

ISBN: 3-936286-13-2

A. u. B. Neumann
Wiesenfühlungen
Das ganze Jahr die Wiese erleben Naturführungen, Wahrnehmungsspiele und Geschichtenbuch

Wiesen sind Orte verschiendenster Geräusche, Gerüche, Farben und auch Gaumenfreuden, die nicht nur unseren Huftieren und Hasen schmecken. Unsere Wiesen sind aber auch Abenteuer- und Spielplätze, Orte der Ruhe und des Sonnenbadens, ein Zauberland, eine Universität und ein Garten.

ISBN: 3-931902-89-7

A. u. B. Neumann
Waldfühlungen
Das ganze Jahr den Wald erleben – Naturführungen, Aktivitäten und Geschichtenfibel

Der Wald ist ein Abenteuer – ein Spielplatz, ein Zauberland, eine Universität und ein Garten. Die Bäume erzählen uns Geschichten, die in Sagen, Märchen und Gedichten weitergegeben werden. Aber auch andere Waldbewohner bieten Interessantes und Erstaunliches.

ISBN: 3-931902-42-0

Steffi Kreuzinger, Eva Sambale
Himmel die Berge!
Mit Kindern unterwegs: Spiele, Naturerlebnisse, Geschichten und Lieder

Mit Geländespielen, Bastelaktionen mit Naturmaterialien, alpenländischen Liedern und vielfältigen Sinnes- und Bewegungsspielen können Kinder mit viel Spaß im Gebirge unterwegs sein und dabei spielend die Bergnatur erleben können. Naturkundliche Informationen und pädagogische Tipps erleichtern die Umsetzung in der Praxis.

ISBN (Buch): 3-936286-20-5 · **ISBN (CD):** 3-936286-21-3

Martina Kroth
Von Leuchtfischen und Meerjungfrauen
Kleine Landratten erfahren spielerisch Spannendes und Wissenswertes über den Lebensraum Meer

Kinder holen sich das Meer nach Hause und erforschen Ozean und Küste, Schifffahrt und Wetter, Meerestiere und Seeungeheuer in vielfältigen Spielen, Experimenten, Geschichten, Bastelaktionen und Rezepten.

ISBN: 3-936286-35-3

Leonore Geißelbrecht-Taferner
Die Garten-Detektive
Mit vielfältigen Experimenten, Spielen, Bastelaktionen, Geschichten und Rezepten den blühenden Frühjahrsboten auf der Spur

Mit Lupe und detektivischer Spürnase begeben sich Kinder auf die Suche nach Frühjahrsblühern im eigenen Garten und in Feld, Wald und Wiese. Ob Veilchen, Gänseblümchen oder Löwenzahn – alle Pflanzen haben ihre eigenen Besonderheiten und Fähigkeiten, die es zu entdecken gilt.

ISBN: 3-936286-58-2

K. Saudhoff, B. Stumpf
Mit Kindern in den Wald
Wald-Erlebnis-Handbuch
Planung, Organisation und Gestaltung

Es ist den Autorinnen gelungen, aus ihren vielfältigen Erfahrungen in Projekten mit Kinder-Gruppen ein echtes Wald-Erlebnis-Handbuch zusammenzustellen, das von der Planung, Organistion bis hin zur Durchführung zahlreiche Anregungen und Hilfestellungen gibt.

ISBN: 3-931902-25-0

B. Hesebeck, G. Lilitakis, S. Schulz, D. Gouder
Mit Robin Hood in den Wald

Waldabenteuer für Kinder: Naturerlebnisse, Tobe- und Geländespiele, Bastelaktionen mit Naturmaterialien, Infos über Pflanzen und Tiere und Geschichten von Robin Hood und seinen Gefolgsleuten

Gelungene Aktionen, spannendes Hintergrundwissen und Checklisten bieten optimale Anregungen für die praktische Arbeit.

ISBN: 3-936286-10-8

Ökotopia Verlag und Versand

Der Fachverlag für gruppen- und spielpädagogische Materialien

Kreative Spiele, Spiele in Gruppen, Lernspiele · Bewegungsspiele, Brettspiele, kooperative

Fordern Sie unser kostenloses Programm an:

Ökotopia Verlag
Hafenweg 26a · D-48155 Münster
Tel.: (02 51) 48 19 80 · Fax: 4 81 98 29
E-Mail: info@oekotopia-verlag.de

Besuchen Sie unsere Homepage!
Genießen Sie dort unsere Hörproben!

http://www.oekotopia-verlag.de
und www.weltmusik-fuer-kinder.de

Gisela Mühlenberg
Kritzeln, Schnipseln, Klecksen
Erste Erfahrungen mit Farbe, Schere und Papier und lustige Ideen zum Basteln mit Kindern ab 2 Jahren
ISBN: 3-925169-96-2

Sybille Günther
Das Zauberlicht
Schwarzes Theater, Spiele und Aktionen mit Kindern
ISBN: 3-931902-50-1

Elke Gulden, Bettina Scheer
Singzwerge & Krabbelmäuse
Frühkindliche Entwicklung musikalisch fördern mit Liedern, Reimen, Bewegungs- und Tanzspielen für zu Hause, für Eltern-Kind-Gruppen, Musikgarten und Krippen
ISBN (Buch): 3-936286-36-1
ISBN (CD): 3-936286-37-X

Wiebke Kemper
Rasselschwein & Glöckchenschaf
Mit Orff-Instrumenten im Kinder- und Musikgarten spielerisch musizieren - für Kinder ab 2
ISBN (Buch): 3-936286-17-5
ISBN (CD): 3-936286-18-3

Mathilda F. Hohberger, Jule Ehlers-Juhle
Klangfarben & Farbtöne
Farben mit allen Sinnen erleben mit Liedern, Spielen, Klanggeschichten und Gestaltungsideen
ISBN (Buch): 3-936286-70-1
ISBN (CD): 3-936286-71-X

Monika Krumbach
Von Farbe, Licht und Schatten
Optische Phänomene in spannenden Spielen, verblüffenden Experimenten, fantasievollen Bastelaktionen
ISBN: 3-931902-96-X

Jakobine Wierz
Große Kunst in Kinderhand
Farben und Formen großer Meister spielerisch mit allen Sinnen erleben
ISBN: 3-931902-56-0

Jakobine Wierz
Vom Kritzel-Kratzel zur Farbexplosion
Kindliche Mal- und Gestaltungsfreude verstehen und fördern – mit zahlreichen praktischen Anregungen von 2 bis 10 Jahren
ISBN: 3-936286-42-6

Gerd Grüneisl
Kunst & Krempel
Phantastische Ideen für kreatives Gestalten mit Kindern, Jugendlichen und Erwachsenen
ISBN: 3-931902-14-5

Jakobine Wierz
Spiel doch mit den Schmuddelkindern
Matschen, Schmieren, Spielen und Gestalten mit verschiedenen Materialien
ISBN: 3-931902-92-7

Jakobine Wierz
Kinder treffen Mona Lisa
Die Kunst großer Meister der Renaissance spielerisch erleben
ISBN: 3-93628-43-4

Gisela Walter
Von Kindern selbstgemacht
Allererstes Basteln mit Lust, Spiel und Spaß im Kindergarten und zu Hause
ISBN: 3-931902-84-6

Kinder spielen Geschichte

Floerke + Schön
Markt, Musik und Mummenschanz
Stadtleben im Mittelalter

Das Mitmach-Buch zum Tanzen, Singen, Spielen, Schmökern, Basteln & Kochen
ISBN (Buch): 3-931902-43-9
ISBN (CD): 3-931902-44-7

H.E. Höfele, S. Steffe
Der wilde Wilde Westen
Kinder spielen Abenteurer und Pioniere
ISBN (Buch): 3-931902-35-8
ISBN (CD): 3-931902-36-6

Jörg Sommer
OXMOX OX MOLLOX
Kinder spielen Indianer
ISBN: 3-925169-43-1

Bernhard Schön
Wild und verwegen übers Meer
Kinder spielen Seefahrer und Piraten
ISBN (Buch): 3-931902-05-6
ISBN (CD): 3-931902-08-0

Im KIGA, Hort, Grundschule, Orientierungsstufe, offene Kindergruppen, bei Festen und Spielnachmittagen

Auf den Spuren fremder Kulturen

Die erfolgreiche Reihe aus dem Ökotopia Verlag

H.E. Höfele - S. Steffe
Kindertänze aus aller Welt
Lebendige Tänze, Kreis-, Bewegungs- und Singspiele rund um den Globus

ISBN (Buch): 3-936286-40-X
ISBN (CD): 3-936286-41-8

Monika Rosenbaum, Annette Lührmann-Sellmeyer
Priwjet Rossija
Spielend Russland entdecken

ISBN: 3-931902-33-1

Monika Rosenbaum
Pickadill & Poppadom
Kinder erleben Kultur und Sprache Großbritanniens in Spielen, Bastelaktionen, Liedern, Reimen und Geschichten

ISBN (Buch): 3-936286-11-6
ISBN (CD): 3-936286-12-4

WELTMUSIK FÜR KINDER

Kinderweltmusik im Internet
www.weltmusik-fuer-kinder.de

Comenius Siegel 2005

H.E. Höfele, S. Steffe
In 80 Tönen um die Welt
Eine musikalisch-multikulturelle Erlebnisreise für Kinder mit Liedern, Tänzen, Spielen, Basteleien und Geschichten

ISBN (Buch): 3-931902-61-7
ISBN (CD): 3-931902-62-5

Pit Budde, Josephine Kronfli
Wer sagt denn hier noch Eskimo?
Eine Reise durch das Land der Inuit mit Spielen, Liedern, Tänzen und Geschichten

ISBN (Buch): 3-936286-73-6
ISBN (CD): 3-936286-74-4

D. Both, B. Bingel
Was glaubst du denn?
Eine spielerische Erlebnisreise für Kinder durch die Welt der Religionen

ISBN: 3-931902-57-9

Hartmut E. Höfele
Europa in 80 Tönen
Eine multikulturelle Europareise mit Liedern, Tänzen, Spiele und Bräuchen

ISBN (Buch): 3-931902-87-0
ISBN (CD): 3-931902-88-9

Pit Budde, Josephine Kronfli
Hano Hanoqitho
Frühling und Osterzeit hier und anderswo

Ein internationaler Ideenschatz mit Spielen, Liedern, Tänzen, Geschichten, Bastelaktionen und Rezepten

ISBN (Buch): 3-936286-56-6
ISBN (CD): 3-936286-57-4

Miriam Schultze
Sag mir, wo der Pfeffer wächst
Spielend fremde Völker entdecken

Eine ethnologische Erlebnisreise für Kinder

ISBN: 3-931902-15-3

Der Fachverlag für gruppen- und spielpädagogische Materialien

Ökotopia Verlag und Versand

Bewegungsspiele, Brettspiele, kooperative Spiele, Spiele in Gruppen, Lernspiele

Fordern Sie unser kostenloses Programm an:

Ökotopia Verlag
Hafenweg 26a · D-48155 Münster
Tel.: (02 51) 48 19 80 · Fax: 4 81 98 29
E-Mail: info@oekotopia-verlag.de

Besuchen Sie unsere Homepage! Genießen Sie dort unsere Hörproben!

http://www.oekotopia-verlag.de
und www.weltmusik-fuer-kinder.de

Monika Rosenbaum, Barbara Schlüter
Kindern den Frieden erklären
Krieg und Frieden als Thema in Kindergarten und Grundschule
ISBN (Buch): 3-936286-64-7
Shalom-Salam-peace4kids
ISBN (CD): 3-936286-65-5

Elke Schlösser
Zusammenarbeit mit Eltern – interkulturell
Informationen und Methoden zur Kooperation mit deutschen und zugewanderten Eltern
ISBN: 3-936286-39-6

Petra Hinderer, Martina Kroth
Kinder bei Tod und Trauer begleiten
Konkrete Hilfestellungen in Trauersituationen für Kindergarten, Grundschule und zu Hause
ISBN: 3-936286-72-8

Michi Vogdt
Helau, Alaaf und gute Stimmung
Von Karneval bis Fassenacht: Kinder feiern mit Tröten, Masken, Kostümen und tollen Spielen
ISBN (Buch): 3-936286-31-0
ISBN (CD): 3-936286-32-9

Michi Vogdt
Hallo Halloween
Schaurige Kostüme, unheimliche Spiele, Raumdekos, coole Lieder und Tänze für Gruselpartys
ISBN (Buch): 3-936286-27-2
ISBN (CD): 3-936286-28-0

A. Erkert, H. Lindner
Feste feiern & gestalten rund um die Jahresuhr
Mit zahlreichen Spielaktionen, Dekorationen, Rezepten und Planungshilfen
ISBN (Buch): 3-936286-68-X
ISBN (CD): 3-936286-69-8

Sybille Günther
Lichterfeste
Spiele, Lieder, Tänze, Dekorationen und Rezepte für Feiern und Umzüge in der Lichterzeit
ISBN (Buch): 3-936286-66-3
ISBN (CD): 3-936286-67-1

Bernhard Schön, Gisela Walter
Weihnachtliche Feste anders gestalten
Spielerische Aktivitäten, Lieder, Geschichten, Infos und Planungshilfen
ISBN (Buch): 3-936286-48-5
ISBN (CD): 3-936286-49-3

Johanna Friedl
Heute spiel'n wir mal allein
Spiel- und Bastelanregungen zur Selbstbeschäftigung für drinnen und draußen - ein Ideenbuch
ISBN: 3-936286-15-9

Unmada Manfred Kindel
Wunderwasser
Singen kann doch jeder
Lieder, Tänze, Spiele und Geschichten aus dem Kinderwald
ISBN (Buch): 3-931902-65-X
ISBN (CD): 3-931902-66-8

Günter Denkler
Tänze für 1001 Nacht
Geschichten, Aktionen und Gestaltungsideen für 14 Kindertänze
ISBN (Buch inkl. CD): 3-925169-82-2
ISBN (Buch): 3-925169-86-5
ISBN (MC): 3-925169-83-0

Sybille Günther
Frühlingsluft und Sonnentanz
Kunterbunte Festaktionen vom Winteraustreiben bis zur Sommersonnenwende
ISBN (Buch): 3-936286-79-5
ISBN (CD): 3-936286-80-9